Poesías de Amor

Poesías de Amor

Editorial Época, S.A. de C.V.
Emperadores Núm. 185
Col. Portales
C.P. 03300, México, D.F.

Poesías de amor

© Editorial Época, S.A. de C.V.
Emperadores No. 185. Col. Portales
C.P. 03300-México, D.F.
email: edesa2004@prodigy.net.mx
www.editorialepoca.com.mx
Tels: 5604-9046
5604-9072

ISBN: 970-627-370-9

Impreso en México — *Printed in Mexico*

PRÓLOGO

Ofrecemos, en este volumen, el resultado de una intencionada convocatoria: la de ochenta destacados autores, cada uno de los cuales nos brinda alguna de sus manifestaciones poéticas inspiradas en el amor. En total, hemos llegado a cien.

El amor se siente bajo distintos aspectos. Tú lo sabes, lector. En la naturaleza y en la vida de la sociedad son infinitos los estímulos que despiertan en el ser humano esa inclinación afectiva, que atrae y subyuga, fuente y crisol de las más grandes aventuras y de las más extraordinarias realizaciones. Por otra parte, el ser humano es capaz de albergar este sentimiento, con sus matizaciones peculiares, en diferentes direcciones.

Por eso, en esta cita singular, las poesías que hemos reunido obedecen a un criterio selectivo. Expresar la inclinación viva del hombre a la mujer, de la mujer al hombre. Amor humano por excelencia, con los más elevados destellos de pureza, de sinceridad, de nobleza, de íntima comunicación a veces; de esperanza alborozada en ocasiones y, en otros momentos, de desengaños y frustraciones.

Poesía de amor, con la ingenua y candorosa naturalidad de la juventud, sueños y esperanzas, limpia la carne y alma transparente.

Poesía de amor, con la serenidad, la experiencia y el sano equilibrio de la madurez, el destino gozoso y optimista, la angustia dominada, la intuición sublimada por el dominio de los sentidos y la fuerza del conocimiento sabio.

Poesía de amor, con rasgos impulsivos, pasiones elocuentes, la espontaneidad silvestre, el dolor y el desengaño, y tam-

bién con la gracia plena del vivir soberano, la tranquilidad fecunda, el alma sonriente.

Bellos cantos a la mirada enternecedora, al gesto elocuente, a la palabra subyugante, al aire común que se respira en la oscuridad limpia de la noche o bajo el sol esplendoroso de la mañana.

Sueños de dicha y de felicidad. El hombre de hoy, con la ciencia y la técnica, domina la naturaleza y descubre sus secretos, convierte en realidades las más extraordinarias fantasías; deja la Tierra y se eleva hacia el cielo, a la búsqueda de la Luna, recorriendo espacios infinitos para alcanzar las estrellas. En todo ello, el amor.

En toda gran aventura, como fuente de la vida misma, siempre el amor. De su eternidad, nadie duda. Ella y él. Con él y con ella, siempre firme y fiero, con ternura, con ilusión sin límites.

El hombre de hoy tiene muchas ventanas abiertas a la vida, que siendo nueva, como siempre lo es, cada día se hace más inmensa, más apasionante, en múltiples aspectos, y atrayente en todas las facetas. Mas, al conjuro mismo de las sorpresas insospechadas, de las novedades imprevistas, de las conmociones inesperadas; en el descubrimiento en que culmina la labor paciente del laboratorio, en el producto alcanzado tras la jornada fecunda, en las grandes creaciones del saber inextinguible y en la placidez de la vida acomodada, siempre el amor.

Ella y él. De una manera inextinguible. Él y ella. Los dos. Mientras el hombre sea hombre, y la mujer, su compañera.

Luis Castelló

La felicidad

Un cielo azul, dos estrellas
brillando en la inmensidad.
Un pájaro enamorado
cantando en el forestal.
Por ambiente, los aromas
del jazmín y el azahar.
Junto a nosotros, el agua
brotando del manantial:
nuestros labios, mucho más.
Tú levantándote al cielo
y yo siguiéndote allá.
Ése es el amor, mi vida.
¡Ésa es la felicidad!

Cruzar con las mismas alas
los mundos de lo ideal.
Apurar todos los goces
y todo el bien apurar.
De los sueños y la dicha
volver a la realidad,
despertando entre las flores
de un césped primaveral.
Los dos mirándonos mucho;
los dos besándonos más.
Ése es el amor, mi vida.
¡Ésa es la felicidad!

Manuel Acuña

La cita

En tu alcoba techada de ensueños, haz derroche
de flores y de luces de espíritu; mi alma
calzada de silencio y vestida de calma,
irá a ti por la senda más negra de esta noche.

Apaga las bujías para ver cosas bellas:
cierra todas las puertas para entrar la Ilusión
arranca del Misterio un manojo de estrellas
y enflora como un vaso triunfal tu corazón.

¡Y esperarás sonriendo, y esperarás llorando!
Cuando llegue mi alma, tal vez reces pensando
que el cielo dulcemente se derrama en tu pecho...

Para él, amor divino, ten un diván de calma,
o con el lirio místico que es su arma, mi alma
¡apagará una a una las rosas de tu lecho!

Delmira Agustini

Su vida

Esperar, recordar, temer, quejarse
siempre anhelar, no contentarse nunca,
suspirar tras el bien que se nos trunca,
ni en la verdad, que es nuestra, solazarse.

Ya en menos o ya en más considerarse,
y al conocerse maldecir la suerte;
luego, al verse ya cerca de la muerte,
de la vida perdida lamentarse.

Tal es el hombre, al menos tal yo soy,
aunque bienes y honores no deseo,
y aunque Gloria y Amor buscando voy.

la una me hace vivir de mí alejado,
del otro me persigue el buen deseo,
mas sólo el furor de ambos he probado.

Víctor Alfieri

Abrázame

Llama voraz cundió dentro mis venas
y calcinó la savia juvenil,
aquella savia ardiente y bulliciosa
germen feroz de inspiración febril.

Hoy sólo queda el tronco silencioso,
el viejo tronco, triste y sin verdor,
en que anida el reptil de los recuerdos,
que muerde sin cesar mi corazón.

¡Ay! Todo reverdece en torno mío,
la rama seca, el campo, hasta el peñón
que envuelve el musgo en manto de esmeralda,
con el alma abatida la ilusión

Acércate, bien mío, y no te asuste
la eterna desnudez de mi dolor;
sé tú la enredadera que me escude
de la saña del ábrego feroz.

Yo he visto en la arboleda solitaria,
a cuyo pie el arroyo gemidor
se retorcía inquieto, como un niño
que el brazo de la madre aprisionó.

Yo he visto una palmera desgajada,
sin follajes, sin dátiles, sin flor,

de quien cuentan las brisas del desierto
una historia tristísimo de amor.

La he visto una mañana desplegando
a los vientos su verde pabellón,
su pabellón, tejido con las hojas
que amante enredadera le prestó.

Sé tú la enredadera de mi vida,
dame la fresca sombra de tu amor,
y como la palmera del arroyo,
se animarás mi yerto corazón.

Olegario V. Andrade

Romanza del recuerdo

Melancolía del "ayer"... Sorpresa
triste del corazón que fue cobarde...
Un adiós sin motivo y que nos pesa
cuando volver a la ilusión ya es tarde.
Y el alma dice, al recordar un día:
"La culpa no fue suya, sino mía".

Tal vez a solas, en el mismo instante
sin llanto ya que a las pupilas fluya,
dirá en las sombras otra voz distante:
"La culpa no fue mía sino suya".
Y las voces, en callado giro,
se unirán en la noche, en un suspiro.

Y queda en un azul de lontananza
sola, una reja, que un rosal enflora,
y lo que fue de dos una esperanza,
ya, para siempre, en el dolor se llora.
Y un gemido, que en llanto se disuelve
diciendo va: "La juventud no vuelve"...

Y enjugándose lágrima furtiva,
o en las manos oculta la cabeza,
vemos que como sombra pensativa
se sienta a nuestro lado la Tristeza.
Y el alma llora, ante esperanza trunca,
lo que ya al corazón no vuelve nunca.

Entonces es el recordar... La ronda
de lo pasado: la primera riña,
su dulce voz, su cabellera blonda
y su adorable ingenuidad de niña.
Y triste siente el corazón herido
el dolor que nos deja un bien perdido.

¿Dónde estarás? —nos preguntamos— ¿Dónde?
¿Pasas entre los hombres sonreída?
¿O callado pesar en ti se esconde,
si eres mitad acaso de otra vida?
Lejana voz de lo que ya no existe
cómo nos llegas desolada y triste.

"Siempre" —decimos— y es la voz sincera.
Juramos: "Siempre" y el jurar no es vano.
Y no es que el corazón cumplir no quiera...
Es porque el corazón es barro humano.
El corazón ser fiel siempre ambiciona,
mas, sin quererlo, siempre nos traiciona.

¿Y para qué culparnos? ¿Y en la vida
para qué disculpar promesa vana?
Se dice adiós, y el corazón olvida
pero también lo olvidarán mañana.
El amor al olvido se eslabona
y en amor, sólo es grande el que perdona.

Ismael Enrique Arciniega

Amémonos

—Amémonos sin tasa ni medida,
puesto que para amar hemos nacido;
adora nuestros bienes; te lo pido
pues sin ellos, ¿valdría algo la vida?

Y si aun después de ésta ya extinguida
fuese posible amar, mi bien querido,
a gritos pediría el bien perdido
para seguir gozando todavía.

Gocemos pues, cual lo hizo regiamente
la primera pareja de mortales
aconsejados bien por la serpiente.

Que nos perdieron por amar, se dice:
blasfemias necias son los dichos tales,
que sólo quien no ama es infelice.

Pietro Aretino

¡Cuán bella sois, señora!

¡Cuán bella sois, señora! Lo sois tanto,
que yo no vi jamás cosa más bella;
miro la frente y pienso que una estrella
mi senda alumbra con un brillo santo.

Miro la boca, y quedo en el encanto
de la dulce sonrisa que destella;
miro el áureo cabello, y veo aquella
red que amor me tendió con tierno canto.

Y de terso alabastro el seno y cuello,
los brazos y las manos, finalmente,
cuanto de vos se mira o bien se cree.

Es admirable ¡oh sí!... y a pesar de ello
permitid que os lo diga osadamente:
mucho más admirable es aún mi fe.

Ludovico Ariosto

Balbuceo

Triste está la casa nuestra,
triste, desde que te has ido,
todavía queda un poco
de tu calor en el nido.

Yo también estoy un poco
triste desde que te has ido;
pero sé que alguna tarde
llegarás de nuevo al nido.

¡Si supieras cuánto, cuánto
la casa y yo te queremos!
Algún día cuando vuelvas
verás cuánto te queremos.

Nunca podría decirte
todo lo que te queremos:
es como un montón de estrellas
todo lo que te queremos.

Si tú no volvieras nunca,
más vale que yo me muera...
Pero siento que no quieres,
no quieres que yo me muera.

Bien querida que te fuiste
¿no es cierto que volverás?
Para que no estemos tristes
¿no es cierto que volverás?

Enrique Banchs

Tus ojos verdes

Porque son, niña, tus ojos
verdes, como el mar, te quejas;
verdes los tienen las náyades,
verdes los tuvo Minerva,
y verdes son las pupilas
de las hurís del profeta.

El verde es gala y ornato
del bosque en la primavera.
Entre sus siete colores
brillante el Iris ostenta.

Las esmeraldas son verdes,
verde el color del que espera,
y las ondas del Océano,
y el laurel de los poetas.

Es tu mejilla temprana
rosa de escarcha cubierta,
en que el carmín de los pétalos
se ve al través de las perlas.

Y, sin embargo,
sé que te quejas,
porque tus ojos
crees que la afean:
pues no lo creas;

que parecen tus pupilas,
húmedas, verdes e inquietas,
tempranas hojas de almendro,
que al soplo del aire tiemblan.

Es tu boca de rubíes
purpúrea granada abierta,
que en el estío convida
a apagar la sed en ella.

Y, sin embargo,
sé que te quejas,
porque tus ojos
crees que la afean:
pues no lo creas;
que parecen, si enojada
tus pupilas centellean,
las olas de mar que rompen
en las cantábricas peñas.

Es tu frente que corona
crespón de oro en ancha trenza,
nevada cumbre en que el día
su postrera luz refleja.

Y, sin embargo,
sé que te quejas,
porque tus ojos
crees que la afean:
pues no lo creas;
que, entre las rubias pestañas,
junto a las sienes, semejan
broches de esmeralda y oro,
que un blanco armiño sujetan.

Gustavo Adolfo Bécquer

Rimas

Una mujer envenenó mi alma;
otra mujer envenenó mi cuerpo;
ninguna de las dos vino a buscarme;
yo de ninguna de las dos me quejo.

Como el mundo es redondo, el mundo rueda
si mañana, rodando, este veneno
envenena a su vez, ¿por qué acusarme?
¿Puedo dar más de lo que a mí me dieron?

*

Del salón en el ángulo oscuro
de su dueño tal vez olvidada,
silenciosa y cubierta de polvo
veíase el arpa.

¡Cuánta nota dormida en sus cuerdas,
como el pájaro duerme en las ramas,
esperando la mano de nieve
que sabe arrancarlas!

¡Ay!, pensé: ¡cuántas veces el genio
así duerme en el fondo del alma,
y una voz, como Lázaro, espera
que le diga: "!Levántate y anda!"

*

Hoy la Tierra y los cielos me sonríen;
hoy llega al fondo de mi alma el sol;
hoy la he visto… la he visto y me ha mirado.
¡Hoy creo en Dios!

*

Por una mirada, un mundo
por una sonrisa, un cielo;
por un beso…. ¡yo no sé
que te diera por un beso!

*

Los suspiros son aire, y van al aire.
Las lágrimas son agua, y van al mar.
Dime, mujer: cuando el amor se olvida,
¿sabes tú, adónde va?

*

—¿Qué es poesía? —me dices mientras
clavas en mi pupila tu pupila azul;
¿que es poesía? ¿Y tú me lo preguntas?
Poesía… ¡eres tú!

Gustavo Adolfo Bécquer

¡Quién retiene al amor!...

Tanto es mi amor, por todos mis amores,
que en el jardín de la existencia mía
a verlas marchitarse día a día
preferí siempre deshojar sus flores.

Cuanto más encendidos sus colores
mueran en su triunfante lozanía,
más triste que la muerte es la agonía
de un amor entre dudas y temores.

Triste fin de un amor, cuando engañoso
quiere fingir que a su pesar nos deja,
y más ofende, cuanto más piadoso.

¿Y qué logrará la importuna queja
del ofendido corazón celoso?
¡¡Quién retiene al amor... cuando se aleja!!

Jacinto Benavente

Soneto de amor

El día, que antes era noche oscura,
vuelve a ser día cada vez más puro;
la noche, que antes era día oscuro,
vuelve a ser noche cada vez más pura.

El cielo, que antes era tierra impura,
vuelve a ser cielo menos inseguro;
la tierra, que antes era cielo impuro,
vuelve a ser tierra menos insegura.

Desde que en este día sin reproche,
desde que en esta noche que no es noche,
desde que en este cielo que destierra,

desde que en esta tierra que no es tierra,
el corazón, ayer deshabitado,
vuelve a ser corazón enamorado.

Francisco Luis Bernárdez

La hilandera

Dijo el hombre a la Hilandera
a la puerta de su casa:
—Hilandera, estoy cansado,
deje la piel en las zarzas,
tengo sangradas las manos,
tengo sangradas las plantas,
en cada piedra caliente
dejé un retazo del alma,
tengo hambre, tengo fiebre,
tengo sed... la vida es mala...

Y contestó la Hilandera:

—Pasa.

Dijo el hombre a la Hilandera
en el patio de su casa:
—Hilandera, estoy cansado,
tengo sed, la vida es mala;
ya no me queda una senda
donde no encuentre una zarza.
Hila una venda, Hilandera,
hila una venda tan larga
que no te quede más lino;
ponme la venda en la cara,
cúbreme tanto los ojos
que ya no pueda ver nada,

que no se vea en la noche
ni un rayo de vida mala.

Y contestó la Hilandera:
—Hilaba.

Hiló tanto la Hilandera
que las manos le sangraban
y se pintaba de sangre
la larga venda que hilaba.
Ya no le quedó más lino
y la venda roja y blanca
puso en los ojos del hombre,
que ya no pudo ver nada...
Pero, después de unos días,
el hombre le preguntaba:
—¿Dónde te fuiste, Hilandera,
que ni siquiera me hablas?
¿Qué hacías en estos días,
qué hacías y dónde estabas?

Y contestó la Hilandera:
—Hilaba.

Y un día vio la Hilandera
que el hombre ciego lloraba;
ya estaba la espesa venda
atravesada de lágrimas,
una gota cristalina
de cada ojo manaba.
Y el hombre, dijo:
—Hilandera,
¡te estoy mirando a la cara!
¡Qué bien se ve todo el mundo

por el cristal de las lágrimas!
Los caminos están frescos,
los campos verdes de agua;
hay un iris en las cosas,
que me las llena de gracia.
La vida es buena, Hilandera,
la vida no tiene zarzas;
¡quítame la larga venda
que me pusiste en la cara!

Y ella le quitó la venda
y la Hilandera lloraba
y se estuvieron mirando
por el cristal de las lágrimas
y el amor, entre sus ojos,
hilaba...

Andrés Eloy Blanco

Bodas negras

Oye la historia que contóme un día
el viejo enterrador de la comarca:
—Era un amante a quien por suerte impía
su dulce bien le arrebató la Parca.

Todas las noches iba al cementerio
a visitar la tumba de la hermosa;
la gente murmuraba con misterio:
"es un muerto escapado de la fosa".

En una noche horrenda hizo pedazos
el mármol de la tumba abandonada,
cavó la tierra y se llevó en sus brazos
el rígido esqueleto de su amada.

Y allá, en su triste habitación sombría,
de un cirio fúnebre a la llama incierta
sentó a su lado la osamenta fría,
y celebró sus bodas con la muerta.

La horrible boca la cubrió de besos,
el yerto cráneo coronó de flores,
ató con cintas sus desnudos huesos,
y le contó sonriendo sus amores.

Llevó la novia al tálamo mullido,
se acostó junto a ella enamorado,
y para siempre se quedó dormido
al esqueleto rígido abrazado.

Carlos Borges

Justicia

—¡Señor juez, un malvado, un asesino,
un pérfido, un traidor,
robóme con la paz de mi destino...!

—¿Robó, decís?
—¡Mi amor!

—¿Cuál es su crimen?
—Inocente y puro
mi corazón le di...

—¡Tú corazón!
—¡Creedme, señor juez, quo yo os lo juro!
¡Castigadlo, señor!

—¿Pero, el delito?
—Engañador y falso
despedazólo cruel.
¡Las horribles tinieblas de un cadalso
no bastan, señor juez!

—¡Deliras, infeliz. A un magistrado
hablándole de amor!

—¡Oh!, ¿le daréis la muerte? Ved que es poco
comparado a su crimen tan atroz.

Una muerte... Mil muertes no alcanzarán
a purgar su delito, señor juez.
¡Matar la fe y el porvenir bendito
de una infeliz mujer!

—¡Vete en paz, desdichada! Las pasiones
no las juzgan los hombres, sino Dios.
Matar el cuerpo es crimen en la Tierra;
¡matar el alma, no!

Ramón de Campoamor

Nupcial

Con indecisa y temerosa mano,
la novia aparta de la casta frente
el ramo de azahar desfalleciente,
que, blanco, nimba su perfil pagano.

Y en medio de la noche, en el cercano
jardín, susurra un céfiro impaciente,
que trae con el eco de una fuente,
la voluptuosa fiebre del verano.

Ya cierran la ventana. Claro lampo
de luna llena por las nubes vaga.
Tiembla la noche en el rumor del campo.

Y del divino amor en los altares,
a tiempo que la lámpara se apaga,
¡se mueren de pudor los azahares...!

Arturo Capdevila

Nublos

Ausencia quiere decir olvido,
decir tinieblas, decir jamás;
las aves pueden volver al nido,
pero las almas que se han querido
cuando se alejan, no vuelven más.

¿No te lo dice la luz que expira?
¡Sombra es la ausencia, desolación...!
Si tantos sueños fueron mentira,
¿por qué se queja cuando suspira
tan hondamente mi corazón?

¡Nuestro destino fue despiadado!
¿Quién al destino puede vencer?
La ausencia quiere decir nublado...
¡No hay peor infierno que haberse amado
pero ya nunca volverse a ver!

¡Qué lejos se hallan tu alma y la mía!
La ausencia quiere decir capaz;
la ausencia es noche, noche sombría;
¿en qué ofendimos al cielo un día
que así nos niega su tibia luz?

Nuestras dos almas, paloma y nido,
calor y arrullo, no vuelven más
a la ventura del bien perdido...
¡La ausencia quiere decir olvido,
decir tinieblas... decir jamás!

Fernando Celada

Te quiero

Te quiero.

Te lo he dicho con el viento
jugueteando tal un animalito en la arena
o iracundo como órgano tempestuoso;

te lo he dicho con el sol,
que dora desnudos cuerpos juveniles
y sonríe en todas las cosas inocentes;

te lo he dicho con las nubes,
frentes melancólicas que sostienen el cielo,
tristezas fugitivas;

te lo he dicho con las plantas,
leves caricias transparentes
que se cubren de rubor repentino

te lo he dicho con el agua,
vida luminosa que vela un fondo de sombra;

te lo he dicho con el miedo,
te lo he dicho con la alegría,
con el hastío, con las terribles palabras.

Pero así no me basta;
más allá de la vida
quiero decírtelo con la muerte,
más allá del amor
quiero decírtelo con el olvido.

Luis Cernuda

Para olvidarte

No haya brisa (dile al mar).
Y a la aurora: No haya albores.
Dile al rocío: No llores.
y al perfume de las flores:
que deje de perfumar.

Que no tiñan de arrebol
los celajes del oriente;
eso dile al sol naciente.
Y a la sombra: que esplendente
vierta rayos como el sol.

Ya no vuelvas a cantar
(dile al ave melodiosa).
Y a la blanca mariposa:
que no libe entre la rosa
cuando miel quiera libar.

Dile, al fin a la ilusión:
Ya del hombre no prosigas
siendo fruto en las fatigas.
Cuando todo esto consigas...
¡te olvidará el corazón!

Roberto J. Cordero

El amor de mis amores

¿Como te llamaré para que entiendas
que me dirijo a ti, ¡dulce amor mío!,
cuando lleguen al mundo las ofrendas,
que desde oculta soledad te envío...?

Aquí tu barca está sobre la arena;
desierta miro la extensión marina;
te llamo sin cesar con tu bocina,
y no apareces a calmar mi pena.

Aquí estoy en la barca triste y sola,
aguardando a mi amado noche y día;
llega a mis pies la espuma de la ola,
y huye otra vez, cual la esperanza mía.

¡Blanca y ligera espuma transparente,
ilusión, esperanza, desvarío,
como hielas mis pies con tu rocío
el desencanto hiela nuestra mente!

Tampoco es en el mar adonde él mora:
ni en la tierra ni el mar mi amor existe.
—¡Ay!, dime si en la tierra te escondiste,
o si dentro del mar estás ahora.

Porque es mucho dolor que siempre ignores
que yo te quiero ver, que yo te llamo,
sólo para decirte que te amo,
que eres siempre el amor de mis amores.

Carolina Coronado

Todo de verde mi amor iba...

Todo de verde mi amor iba cabalgando
un gran caballo de oro
en el alba de plata;

cuatro lebreles se agacharon y, sonriendo
el feliz ciervo iba delante.

Serán más raídos que los sueños moteados
el dulce y veloz ciervo
el raro y rojo ciervo.

Y cuatro corzos junto a un agua cristalina
la cruel trompa sonó antes.

Oh, con el cuerno en la cadera iba mi amor
cabalgando en el eco
por el alba de plata;

cuatro lebreles se agacharon y sonriendo
los lisos prados corrían delante.

Serán más raudos que el dormir escurridizo
el fino y ágil ciervo
el alégero ciervo.

Iba mi amor con su gran arco cabalgando
bajando por los montes
en el alba de plata;

cuatro lebreles se agacharon y sonriendo
las cumbres iban delante.

Serán más blancos que la muerte aterradora
el delicado ciervo
el grande y fuerte ciervo.

Cuatro altos ciervos en la verde serranía
el cazador soñó antes.

Todo de verde mi amor iba cabalgando
un gran caballo de oro
en el alba de plata;

cuatro lebreles se agacharon y sonriendo
mi corazón cayó muerto delante.

E. E. Cummings

Sonatina

La princesa está triste... ¿qué tendrá la princesa?
Los suspiros se escapan de su boca de fresa,
que ha perdido la risa, que ha perdido el color.
La princesa está pálida en su silla de oro,
está mudo el teclado de su clave sonoro;
y en un vaso, olvidada, se desmaya una flor.

El jardín puebla el triunfo de los pavos reales.
Parlanchina, la dueña dice cosas banales,
y vestido de oro, piruetea el bufón.
La princesa no ríe, la princesa no siente,
la princesa persigue por el ciclo de Oriente
la libélula vaga de una vaga ilusión.

¿Piensa, acaso, en el príncipe de Golconda o de China
o en el que ha detenido su carroza argentina
para ver de sus ojos la dulzura de luz,
o en el rey de las islas de las rosas fragantes,
o en el que es soberano de los claros diamantes,
o en el dueño orgulloso de las perlas de Ormuz?

¡Ay!, la pobre princesa de la boca de rosa
quiere ser golondrina, quiere ser mariposa,
tener alas ligeras, bajo el cielo volar;
ir al sol por la escala luminosa de un rayo,
saludar a los lirios con los versos de mayo,
o perderse en el viento sobre el trueno del mar.

Ya no quiere el palacio, ni la rueca de plata,
ni el halcón encantado, ni el bufón escarlata,
ni los cisnes unánimes en el lago de azur.
Y están tristes las flores por la flor de la corte;
los jazmines de Oriente, los nelumbos del Norte,
de Occidente las dalias y las rosas del Sur.

¡Pobrecita princesa de los ojos azules!
Está presa en sus oros, está presa en sus tules,
en la jaula de mármol del palacio real;
el palacio soberbio que vigilan los guardas,
que custodian cien negros con sus cien alabardas,
un lebrel que no duerme y un dragón colosal.

¡Oh, quién fuera hipsipila que dejó la crisálida!
(La princesa está pálida. La princesa está triste),
¡Oh, visión adorada de oro, rosa y marfil!
¡Quién volara a la tierra donde un príncipe existe
(la princesa está pálida. La princesa está triste),
más brillante que el alba, más hermosa que abril!

—¡Calla, calla, princesa! —dice el hada madrina—;
en caballo con alas hacia acá se encamina,
en el cinto la espada y en la mano el azor,
el feliz caballero que te adora sin verte,
y que llega de lejos, vencedor de la Muerte,
a encenderte los labios con un beso de amor!

Rubén Darío

A una novia

Alma blanca, más blanca que el lirio;
frente blanca, más blanca que el cirio
que ilumina el altar del señor;
ya serás por hermosa encendida,
ya serás sonrosada y herida
por el rayo de luz del amor.

Labios rojos de sangre divina,
labios donde la risa argentina
junta el albo marfil al clavel,
ya veréis cómo el beso os provoca
cuando Cipris envíe a esa boca
sus abejas sedientas de miel.

Manos blancas, cual rosas benditas,
que sabéis deshojar margaritas
junto al fresco rosal del pensil,
ya diréis la canción del amado
cuando hiráis el sonoro teclado
del triunfal clavicordio de abril.

¡Ojos bellos de ojeras cercados,
ya veréis los palacios dorados
de una vaga, ideal Estambul,
cuando lleven las hadas a Oriente
a la bella del Bosque Durmiente
en el carro del príncipe Azul!

¡Blanca flor! De tu cáliz risueño
la libélula errante del sueño
alza el vuelo veloz, ¡blanca flor!
Primavera su palio levanta
y hay un coro de alondras que canta
la canción matinal del amor.

Rubén Darío

Para tus ojos

En tus ojos verdes naufraga mi pena,
en tus ojos verdes he visto el Amor;
tus ojos reflejan mi vida serena
e irradian mil luces de raro fulgor.

Si tus ojos ríen, mi corazón canta;
si me miran tristes, mi dolor de ayer
renace más cruento, y una piedad Santa
conmueve vibrante mi alma de mujer.

¿Por qué me fascinan tus ojos tan verdes?
Tal dos esmeraldas de brillo sin par
cuyos esplendores derrochando pierdes
en el hondo abismo de un ignoto mar...

¡Tus ojos! Tus ojos, que adoro por bellos,
por dulces y alegres, porque en su mirar
me dicen muy quedo que tan sólo ellos
pueden envolverme en dulces destellos
y amarme por siempre, vivir y soñar...

María Luisa Denison

A ella

Semejas esculpida en el más fino
hielo de cumbre sonrojado al beso
del sol, y tienes ánimo travieso
y eres embriagadora como el vino.

Y mientes, no imitaste al peregrino
que cruza un monte de penoso acceso
y párase a escuchar con embeleso
un pájaro que canta en el camino.

Obrando tú como rapaz avieso
correspondiste con la trampa el trino
por ver mi pluma y torturarme preso.

No así el viandante que se vuelve a un pino
y párase a escuchar con embeleso
un pájaro que canta en el camino.

Salvador Díaz Mirón

Ojos verdes

Ojos que nunca me veis
por recelo o por decoro,
ojos de esmeralda y oro,
fuerza es que me contempléis;
quiero que me consoléis,
hermosos ojos que adoro;
estoy triste y os imploro
puesta en tierra la rodilla.
¡Piedad para el que se humilla
ojos de esmeralda y oro!

Ojos en que reverbera
la estrella crepuscular,
ojos verdes como el mar,
como el mar por la ribera;
ojos de lumbre hechicera
que ignoráis lo que es llorar,
glorificad mi pesar.
¡No me desoléis así!
¡Tened compasión de mí,
ojos verdes como el mar!

Ojos cuyo amor anhelo
porque alegran cuanto alcanzan,
ojos color de esperanza.
Con sangre enrojecida,
con lejanías de cielo.

Ojos, que a través del velo
radian bienaventuranza,
mi alma a vosotros se lanza
en alas de la embriaguez,
miradme una bola vez,
ojos color de esperanza.

Cese ya vuestro desvío,
ojos que me dais congojas;
ojos con aspecto de hojas
empapadas de rocío.
Húmedo esplendor de río
que por esquivo me enojas,
luz que la del sol sonrojas
y cuyos toques son besos,
derrámate en mí por esos
ojos con aspecto de hojas.

Salvador Díaz Mirón

Cleopatra

La vi tendida de espaldas
entre púrpura revuelta...
Estaba toda desnuda
aspirando humo de esencias
en largo tubo escarchado
de diamantes y de perlas.

Sobre la siniestra mano
apoyada la cabeza,
y cual el ojo de un tigre
un ópalo daba en ella
vislumbres de sangre y fuego
al oro de su ancha trenza.

Tenía un pie sobre el otro,
y los dos como azucenas,
y cerca de los tobillos
argollas de finas piedras,
y en el vientre un denso triángulo
de rizada y rubia seda.

En su brazo se torcía
como cinta de centella,
un áspid de filigrana
salpicado de turquesas,
con dos carbunclos por ojos
y un dardo de oro en la lengua.

Tibias estaban sus carnes,
y sus altos pechos eran
cual blanca leche vertida
dentro de dos copas griegas,
convertida en alabastro,
sólida ya, pero aún trémula.

¡Ah...! Hubiera yo dado entonces
todos mis lauros de Atenas
por entrar en esa alcoba
coronado de violetas,
dejando con los eunucos
mis coturnos a la puerta.

Salvador Díaz Mirón

Deseos

Yo quisiera salvar esa distancia,
ese abismo fatal que nos divide,
y embriagarme de amor con la fragancia
mística y pura que tu ser despide.

Yo quisiera ser uno de los lazos
con que decoras tus radiantes sienes;
yo quisiera en el cielo de tus brazos
beber la gloria que en tus labios tienes.

Yo quisiera ser agua y que en mis olas,
que en mis olas vinieras a bañarte
para poder, como lo sueño a solas,
a un mismo tiempo por doquier besarte.

Yo quisiera ser lino y en tu lecho,
allá en las sombras, con ardor cubrirte,
temblar con los temblores de tu pecho,
y morir de placer al comprimirte.

¡Oh! ¡Yo quisiera mucho más! ¡Quisiera
llevarte en mí como la nube al fuego,
más no como la nube en su carrera
para estallar y separarnos luego!

Yo quisiera en mí mismo confundirte.
Confundirte en mí mismo y entrañarte;

yo quisiera en perfume convertirte,
convertirte en perfume y aspirarte.

Aspirarte en un soplo como esencia,
y unir a mis latidos tus latidos,
y unir a mi existencia tu existencia,
y unir a mis sentidos tus sentidos.

Aspirarte en un soplo del ambiente,
y así verter sobre mi vida en calma,
toda la llama de tu pecho ardiente
y todo el éter de lo azul de tu alma.

Aspirarte, mujer... De ti llenarme.
Y en ciego, y sordo, y mudo consagrarme
al deleite supremo de sentirte
y a la dicha suprema de adorarte.

Salvador Díaz Mirón

Rima

Homenaje a Bécquer

Tus ojos oxigenan los rizos de la lluvia
y cuando el sol se pone en tus mejillas
tus cabellos no mojan ni la tarde es rubia.

Amor.
Apaga la luna.

No bebas tus palabras
ni viertas en mi vaso tus ojeras amargas.
La mañana de verte se ha puesto morena.

Enciende el sol
Amor

y mata la verbena.

Gerardo Diego

A ti

Te amé, y al decirlo ahora
doblando la frente mustia,
muere la voz en mis labios
tiembla en mi mano la pluma:
dos lágrimas mis mejillas
en ondas de fuego surcan,
al recordar esas horas
que no han de volver ya *¡nunca!*

Mi amor fue un sueño de dicha
tan inocente y tan pura,
que aun hoy su aroma me embriaga
y su fulgor me deslumbra.
Sin él, el mundo me ofrece
la soledad de la tumba;
y si hoy con él me brindaras,
llorando dijera: *¡nunca!*

Como enemigos aceros
nuestras palabras se buscan,
y altivas y desdeñosas
nuestras miradas se cruzan,
con tu suprema arrogancia
me has provocado a la lucha,
en que podrás verme muerta,
rendida a tus plantas, *¡nunca!*

Si suplicante y vencida
caigo ante ti en esa lucha,
¡que tu desprecio me agobie!,
¡que tu altivez me confunda!
¡Sello de eterna ignominia
mi frente a tus ojos cubra!
Piedad, de mí no la tengas;
de mí no la aguardes *¡nunca!*

Por ti he libado mil veces
el cáliz de la amargura...
Óyeme bien: si algún día
con voz de amor y de angustia,
clamases perdón llorando
de hinojos sobre mi tumba,
se irguiera ante ti mi sombra
y airada dijera: *¡nunca!*

Clara L. Ferrer

Plenilunio

Fue un suave rozar de labios
sobre sedosos cabellos.

DULCE MARÍA BORREGO

Por la verde alameda, silenciosos,
íbamos ella y yo:
la luna tras los montes ascendía
y en la fronda cantaba el ruiseñor.

Y la dije... No se lo que la dijo
mi temblorosa voz...
En el éter detúvose la luna,
interrumpió su canto el ruiseñor,
y la amada gentil, turbada y muda,
al cielo interrogó.

¿Sabéis de esas preguntas misteriosas
que una respuesta son...?
Guarda, ¡oh luna!, el secreto de mi alma;
¡cállalo, ruiseñor!

Fabio Fiallo

En el baño

Alegre y sola en el recodo blanco
que forma entre los árboles el río,
al fresco abrigo del ramaje umbrío
se está la niña de mi amor bañando.

Traviesa con las ondas, jugueteando,
al busto saca del remanso frío,
y ríe y salpica el glacial rocío
el blanco seno, de rubor temblando.

Al verla tan hermosa, entre el follaje
el viento apenas susurrando gira,
salta trinando el pájaro salvaje,

el sol más poco a poco se retira;
todo calla..., y Amor, entre el ramaje,
a escondidas mirándola, suspira.

Manuel M. Flores

Ausencia

¡Quién me diera tomar tus manos blancas
para apretarme el corazón con ellas,
y besarlas..., besarlas, escuchando
de tu amor las dulcísimas querellas!

¡Quién me diera sentir sobre mi pecho,
reclinada tu lánguida cabeza,
y escuchar, como en antes, tus suspiros
tus suspiros de amor y de tristeza!

¡Quién me diera posar casto y suave
mi cariñoso labio en tus cabellos,
y que sintieras sollozar mi alma
en cada beso que dejara en ellos!

¡Quién me diera robar un solo rayo
de aquella luz de tu mirar en calma,
para tener, al separarnos luego,
con qué alumbrar la soledad del alma!

¡Oh, quién me diera ser tu misma sombra,
el mismo ambiente que tu rostro baña,
y, por besar tus ojos celestiales,
la lágrima que tiembla en tu pestaña!

¡Y ser un corazón todo alegría,
nido de luz y de divinas flores,

en que durmiese tu alma de paloma
el sueño virginal de sus amores!

Pero en su triste soledad, el alma
es sombra y nada más, sombra y enojos...
¿Cuándo esta noche de la negra ausencia
disipará la aurora de tus ojos?

Manuel M. Flores

Idilio eterno

Ruge el mar, y se encrespa y agiganta
la luna —ave de luz—, prepara el vuelo
y en el momento en que la faz levanta,
da un beso al mar y se remonta al cielo.

Y aquel monstruo indomable que respira
tempestades y sube y baja y crece,
al sentir aquel ósculo suspira,
y en su cárcel de rocas se estremece.

Hace siglos que de lejos
tiemblan de amor en noches estivales:
ella le da sus límpidos reflejos,
él la ofrece sus perlas y corales.

Con orgullo se expresan sus amores
estos viejos amantes afligidos.
Ella le dice: —¡Te amo!— en sus fulgores.
El responde: —¡Te adoro!— en sus rugidos.

Ella lo duerme con su lumbre pura
y el mar la arrulla con su eterno grito,
y le cuenta su afán y su amargura
con una voz que truena en lo infinito.

Ella, pálida y triste, lo oye y sube
por el espacio en que su luz desploma

y velando la faz tras de la nube,
le oculta el duelo que en su frente asoma.

Comprende que su amor es imposible,
que el mal la espía en su convulso sumo,
y se contempla en el cristal movible
del monstruo azul en que retumba el trueno.

Le grita el mar: —¡En un fulgor me abraso!
¡no te alejes tan pronto, estrella mía,
y al descender tras de la sierra fría
estrella de mi amor, detén el paso!

¡Un instante mitiga mi amargura
ya que en tu lumbre sideral me bañas...
¡No te vayas! ¿no ves tu lumbre pura
brillar en el azul de mis entrañas?

Y ella exclama en su loco desvarío:
—Por doquiera la muerte me circunda;
detenerme no puedo, ¡monstruo mío!
¡compadece a tu pobre moribunda!

¡Mi último beso de pasión te envío,
mi casto brillo a tu semblante junto!
¡Y en las hondas tinieblas del vacío,
hecha cadáver se desploma al punto!

Entonces en el mar, de polo a polo
al encrespar sus ondas plañideras,
inmenso, triste, desvalido y solo,
cubre con sus sollozos las riberas.

Y al contemplar los luminosos rastros
de la alba luna en el oscuro velo,
tiemblan de amor los soñolientos astros
en la profunda soledad del cielo.

Todo calla. El mar duerme y no importuna
con sus gritos salvajes de reproche,
y sueña que se besa con la luna
en el tálamo negro de la noche.

Julio Flórez

¿Dónde estás?

¿Dónde estás, amada mía?
¿dónde estás, prenda adorada?
¿dónde estás?
¡Has dejado en agonía
a mi alma enamorada...!
¿Dónde estás, prenda adorada?
¿dónde estás...?
¿Dónde estás, que ya no escucho
de tus labios el murmullo...?

Hace días, hace mucho,
mucho tiempo que no escucho
de tus labios el arrullo...
¿Dónde estás, prenda adorada?
¿dónde estás?
¡Ya no tardes, alma mía,
tú eres noche y eres día,
eres toda mi alegría,
eres todo mi placer...!

Ven, que quiero, satisfecho,
estrecharte contra el pecho
con delirio,
con locura,
con empeño
y con afán...
¡Ya no tardes, alma mía,

eres toda mi alegría,
eres todo mi placer!

¡Sé que alegre te alejaste
por gozar de otros amores,
de otro ambiente
de otras flores,
de otras rimas, sin colores,
que profanos trovadores
hoy deshojan a tus pies!

Tengo celos de la brisa,
de la brisa mensajera,
porque pasa, aunque ligera
murmurando a tus oídos
su humorística canción...

¡Tengo celos de las flores,
de las aguas cristalinas,
cuando ciñen tu cintura,
tu cintura encantadora
y virginal,
porque creo que de amores
te han de hablar... !

Ya no vayas a la fuente,
ya no vayas al jardín,
tengo celos del torrente,
tengo celos del jazmín...

¡Tengo celos de mí mismo,
de mi sombra, de mi anhelo,
del crepúsculo, del cielo,
y de todo lo que existe,

y de todo lo que miras,
y de todo lo que tocas,
y por todo lo que sueñas,
y deliras,
y por todo lo que adoras y suspiras...!

¡Ven, que quiero en mi despecho
estrecharte contra el pecho,
con delirio,
con locura,
con empeño
y con afán... !

¡Ya no tardes, alma mía,
eres toda mi alegría,
eres noche y eres día
y eres todo mi placer...!

¡Ven, que quiero, satisfecho,
estrecharte contra el pecho,
con delirio,
con locura,
con empeño
y con afán...!

Rafael García Escobar

Aire de nocturno

Tengo mucho miedo
de las hojas muertas,
miedo de los prados
llenos de rocío.
Yo voy a dormirme;
si no me despiertas,
dejaré a tu lado mi corazón frío.

¿Qué es eso que suena
muy lejos?
Amor.
El viento en las vidrieras,
¡Amor mío!

Te puse collares
con gemas de aurora.
¿Por qué me abandonas
en este camino?

Si te vas muy lejos,
mi pájaro llora
y la verde viña
no dará su vino.

¿Qué es eso que suena
muy lejos?

Amor. El viento en las vidrieras,
¡Amor mío!

Tú no sabrás nunca,
esfinge de nieve,
lo mucho que yo
te hubiera querido
esas madrugadas
cuando tanto llueve
y en la rama seca
se deshace el nido.

¿ Qué es eso que suena
muy lejos?
Amor. El viento en las vidrieras,
¡Amor mío!

Federico García Lorca

Un rato se levanta mi esperanza...

Un rato se levanta mi esperanza.
Tan cansada de haberse levantado
torna a caer, que deja, mal mi grado,
libre el lugar a la desconfianza.

¿Quién sufrirá tan áspera mudanza
del bien al mal? ¡Oh corazón cansado!
Esfuerza en la miseria de tu estado,
que tras fortuna suele haber bonanza.

Yo mismo emprenderé a fuerza de brazos
romper un monte, que otro no rompiera,
de mil inconvenientes muy espeso.

Muerte, prisión no pueden, ni embarazos,
quitarme de ir a veros, como quiera,
desnudo espíritu o hombre en carne y hueso.

Garcilaso de la Vega

Escrito está en mi alma...

Escrito está en mi alma vuestro gesto,
y cuanto yo escribir de vos deseo;
vos sola lo escribisteis, yo lo leo
tan solo, que aun de vos me guardo en esto.

En esto estoy y estaré siempre puesto;
que aunque no acabe en mí cuanto en vos veo,
de tanto bien lo que no entiendo creo,
tomando ya la fe por presupuesto.

Yo no nací sino para quereros;
mi alma os ha cortado a su medida,
por hábito del alma misma os quiero.

Cuanto tengo confieso yo deberos;
por vos nací, por vos tengo la vida,
por vos he de morir y por vos muero.

Garcilaso de la Vega

Romance de tus ojos

Cómo he buscado tus ojos
anoche, tus ojos negros.
Todo era negro en la noche.

Por las ventanas del cielo
veía asomar tus ojos,
tus ojos negros,
y los míos los buscaban
desalados por el viento
hasta volver a sus nidos
como pájaros enfermos.

De los árboles colgaba
tu negra mata de pelo.

Pero tus ojos, ¿adónde?
¿Adónde tus ojos negros?

Pedro Garfias

Chinesca

No es a vos, no, señora, a quien yo amo,
ni a vos, Julieta. No, ni a vos tampoco,
Ofelia; ni a Beatriz; ni tan siquiera
a Laura linda, la de dulces ojos.

La que ahora amo hay que buscarla en China;
habita allá con sus ancianos padres,
en una torre de alba porcelana,
junto a un río, en que están los cormoranes.

Tiene unos ojos, curvos en las sienes,
unos pies, que la mano puede asir,
la color, como el cobre de una lámpara,
y uñas largas y rojas de carmín.

Por su enrejado pasa la cabeza,
la golondrina bésala en su vuelo,
y de noche, tan bien como un poeta,
va a cantarla la flor del tierno albérchigo.

Teófilo Gautier

Pantalla

¿Me preguntas ahora por qué estoy tan callado?
porque llegó el momento, el gran momento,
la hora de los ojos y las dulces sonrisas...
La noche... y esta noche cuánto amor por ti siento.
Contra tu pecho apriétame. Necesito caricias.
Si tú supieras todo lo que en mí está subiendo
de deseo, de orgullo, de ambición, de ternura,
y de bondad. Mas, oye: Tú no puedes saberlo.
Bájate la pantalla
mejor así estaremos.
Es en la sombra donde los corazones hablan;
y los ojos... ¿comprendes? Se ve mucho mejor
cuando en torno las cosas se empiezan a ver menos:
te amo mucho esta noche para hablarte de amor.
Apriétame a tu pecho...
Sobre tu pecho... ¡Cuánta dulzura mi amor halla!
Y para acariciarte cómo ansío
que llegue el torno mío...
Baja más la pantalla...
Pero no hablemos más. Juicio tengamos,
estemos quietos. Dicha no hay ninguna,
en este instante de pasión ferviente,
como sentir tus manos en mi frente.
Pero, ¿qué es eso? ¿Quién nos importuna?
¡El café! Ponlo allá. Cierra la puerta.
¿De qué te estaba hablando?
¿Tomamos el café? ¿Después...? ¿Ahora?

¡Ah! Te gusta caliente; lo estaba yo olvidando.
¿Quieres que te sirva yo mismo? ¿Eso prefieres?
Está fuerte. ¿Azúcar? ¿Un terrón no más quieres?
¿Quieres que lo pruebe? ¿Será un terrón bastante?
Ésta es la taza tuya. Toma el café al instante,
que se te enfría. Y calla
y nada más hablemos.
¡Pero, qué oscuridad! Si nada vemos...
alza un poco, amor mío, la pantalla.

Paul Geraldy

Celos

Tengo celos. Estás ausente.
Sin ti, estoy como en un desierto.
El campo te ha atraído. Estás entre parientes
poco divertidos, por cierto.
Pero yo estoy celoso... Ahora, mía no eres.
¡Estás toda en la primavera!
¡Tanto azul debe hacerte olvidar que me quieres
mientras todo yo soy espera!
Mi alma está ebria y desolada.
Lloro de amor y aburrimiento.
Estás toda en mi pensamiento:
¡Y qué bonita estás este día, adorada!
Hoy los celos me impiden ver la vida risueña.
¡Qué dulce y tibio está París!
Está adorable, pero lo veo todo gris
mientras le escribo a mi pequeña
que ahora estará acostada bajo la fresca fronda.
Tendrás puesto quizás,
tu sombrero con flores, hecho de paja blonda
que deja pasar discos de sol hasta tu faz.
¡Cómo me olvidarás! Te imagino en un prado,
bella, feliz, riente... ¡Está tan lindo el día!
¡Ah, Dios! ¡Qué rabia! Lloraría...
Durante el mes siempre ha llovido
¡y te arrancaron de mi lado
ahora que a mi lado más te hubiera querido!
¡Jamás te he amado tanto como en este momento!

Este aire dulce y tibio me exaspera;
este aire que recorre el apartamiento
esparciendo la primavera.
¡No te quiero! Sufro y deseo
que tú sufras allí otro tanto.
Sé que todo esto es tonto, antipático y feo...
¡Pero no saber cuánto te adoro! ¡Cuánto! ¡Cuánto!
¡Ah, si tú me extrañaras... cómo me agradaría!
Así, la primavera te causaría tristeza...
Y hasta me alegraría
que te doliera un poco la cabeza.

Paul Geraldy

Diálogo de la pasión

Canta él

El amor es así: ¡Dolor y fuego!
Un poco de locura entremezclada
un perfume de sándalo y espliego.
¡Luz, desesperación, fe; luego, nada...!
Yo te amo con amor desesperado
y siento que este amor es mi destino.
¡Mi destino es morir crucificado
como un Cristo de amor, rayo divino!

Solloza ella

¡Ven a tomarme, tú serás mi dueño!
La vida que me resta te daré.
Si tu amor es mi cruz, a ella me abrazo.
¡No me defenderé!
¡Quémame en tu fulgor, piedra encendida!
¡Mariposa seré!
A tu lumbre darán color mis alas.
¡No me defenderé!
¡Pasión, locura, desazón del alma,
muriendo entre tus brazos sentiré!

Fúndeme con tu sangre victoriosa.
¡No me defenderé!
Si sigues el camino de la muerte,
hacia la misma muerte correré.
¡Atada para siempre a tu destino!

Alberto Ghiraldo

Romance

Servia en Orán al rey
un español con dos lanzas,
y con el alma y la vida
a una gallarda africana,

tan noble como hermosa,
tan amante como amada,
con quien estaba una noche
cuando tocaron alarma.

Trescientos zenetes eran
deste rebato la causa;
que los rayos de la luna
descubrieron las adargas;

las adargas avisaron
a las mudas atalayas,
las atalayas a los fuegos,
los fuegos a las campanas;

y ellas al enamorado,
que en los brazos de su dama
oyó el militar estruendo
de las trompas y las cajas.

Espuelas de honor le pican
y freno de amor le para;

no salir es cobardía,
ingratitud es dejalla.

Del cuello pendiente ella,
viéndole tomar la espada,
con lágrimas y suspiros
le dice aquestas palabras:

"Salid al campo, señor,
bañen mis ojos la cama;
que ella me será también,
sin vos, campo de batalla.

"Vestíos y salid apriesa,
que el general os aguarda;
yo os hago a vos mucha sobra
y vos a él mucha falta.

"Bien podéis salir desnudo
pues mi llanto no os ablanda;
que tenéis de acero el pecho
y no habéis menester armas".

Viendo el español brioso
cuánto le detiene y habla,
le dice así: "Mi señora,
tan dulce y tan enojada,
porque con honra y amor
yo me quede, cumpla y vaya,
vaya a los moros el cuerpo,
y quede con vos el alma.

"Concededme, dueña mía,
licencia para que salga
al rebato en vuestro nombre,
y en vuestro nombre combata".

Luis de Góngora

Casa con dos puertas

¡O, casa con dos puertas que es la mía,
casa del corazón vasta y sombría
que he visto en el desfile de los años
llena a veces de huéspedes extraños,
y otras veces —las más— casi vacía...

Casa que en los risueños
instantes de la vida, miró absorta
la fila interminable de los sueños,
de arribo fácil y de estancia corta.

¡Cuán raro fue el viador que en la partida
dejó, para los tránsitos futuros,
una hoguera encendida
en la piadosa puerta de salida
o una noble inscripción sobre los muros!

Los más dejaron, al fulgor incierto
de un prematuro ocaso,
algún jirón en el umbral desierto,
el alma errante de algún himno muerto
o un desgaste de piedras a su paso.

Solo al silencio de la paz nocturna,
prende su lamparilla taciturna
huésped desconocido...
Y se pregunta mi inquietud cobarde
si es un cansado amor que llegó tarde
o es un viejo dolor que no ha salido.

Enrique González Martínez

Parábola de los ojos

Iba toda desnuda la visión estupenda
con blancores de nardo, atrayente y fatal,
y su voz era flama, y su vientre era ofrenda
en que el sexo fulgía como un áureo trigal.

En unánime angustia se apiñaba en la senda
el humano deseo con rugidos de mal,
y los ojos, puñales de lasciva contienda,
dardeaban sus puntas como un solo puñal.

Era un coro de aullidos, era un lúbrico asalto,
y los ojos en fiebre y las manos en alto
eran siervos sumisos de la extraña visión;
y en la forma desnuda, bajo el fiero camino
de cometa que arrastra una estela de horror.

Sólo un hombre pugnaba por asirse a la vida
ante el hondo presagio de la noche estelar,
y quedarse a la zaga, mientras era impelida
la fantástica turba por un viento de mar.

Mas sintió que era inútil... Un afán sin medida
lo empujaba al espectro... ¡Y era noble cegar
las pupilas obsesas a la luz maldecida
por no ser el esclavo de su propio mirar!

Y en las pávidas cuencas que albergaban sus ojos
sepultó las diez uñas, y cayeron dos rojos
y sangrientos claveles de la turba a los pies...
Y sumido en su noche, emblemático y fuerte
como el ángel que triunfa del amor y la muerte,
lo miraron los hombres que pasaron después.

Enrique González Martínez

Parábola de la carne fiel

Aquel que celebra sus nupcias en la hora
de la otoñal cordura, ceñido de laurel,
bajo la vista al suelo... La carne pecadora
se acurrucó a sus plantas como una bestia fiel.

Posó en ella los ojos y dijo: "Bienvenida",
¡oh, sangre de mi sangre! Ya te ofrezco un sitial
cerca del mío; siéntate, pobre carne dolida
que hueles a mi santa noche primaveral.

¡Oh, fenecidas horas que vivís en presente!
y en fuga aventurera se embriagan de añil;
tú fijabas mis pasos a la tierra hecha lumbre,
pujante y lujuriosa bajo el soplo de abril.

Cuando mis sueños iban a la estelar techumbre
¡labios de miel y grana como fresco botón!
¡Senos de nardo y rosas en que pose la frente!
¡Brazos que érais guirnaldas para mi corazón!

Me diste el sabor íntegro de la virtud completa;
la dualidad que mira de frente al porvenir
fundiste en tus crisoles al hombre y al poeta,
en un afán de canto y un ansia de vivir.

Tú morirás un día, ¡oh, carne pecadora!,
cuando en silencio el alma no sepa ya cantar,
cuando la esfinge muda, cogiendo la sonora
lira de nuestras manos, la precipite al mar.

Mas hoy, ven a mi lado y goza de mi fiesta:
bebe en mi propio vaso la ola de carmín
en que fermenta el ósculo... ¡Acaso será ésta
la postrimera copa del ultimo festín!

Enrique González Martínez

Mujer desnuda

Nevó toda la noche
sobre el jardín de tu cuerpo;
mas todavía hay rosas
y botones abiertos.

Las dóciles hebras sutiles
de la última rama del árbol
caen como lluvias de oro
sobre la firme blancura de los tallos.

Violetas,
que se ocultan
en la hierba de tus pestañas,
apasionadas y profundas.

Hay dos rosas dormidas
con turbador ensueño
en las magnolias impasibles
de tus senos.

Y más oro
en los muslos,
porque pinta el sol la seda
de los musgos.

Y tus pies y tus manos,
menudas y largas raíces,
ahondan la tierra
temblorosa de amor de los jardines.

Enrique González Rojo

Delirio

En un charco de sangre, allí estabas tendida,
para siempre callada, para siempre dormida,
con los ojos abiertos, muy abiertos... abiertos,
y mirándome siempre como miran los muertos,
sin amor y sin odio, sin placer ni amargura,
con sutil ironía y a la vez con ternura.

El puñal en mi diestra todavía humeaba,
pero ya a mis oídos el furor no gritaba,
y crecía el espanto y la angustia crecía,
y humeaba en mi diestra el puñal todavía
con el vaho candente de tu sangre ardorosa,
de tu sangre de virgen, de tu sangre de diosa.

¿Cómo fue...? ¿Quién lo sabe, si lo ignoro yo mismo?
¿Fue ascensión a la cumbre? ¿Fue descenso al abismo?
Sólo sé que en tus ojos vi otros ojos impresos,
que sentí entre tus labios el calor de otros besos,
y entre sombras y dudas mi razón agitada
quiso hallar a tu sangre otra mezcla,
y al vengar mis agravios y entregarte a la muerte,
hasta el último instante, hasta el último, verte,
y ver cuál se borraba en tus yertos despojos,
la impresión de esos labios, la impresión de esos ojos;
y en tus labios ya muertos, y en tus labios ya fríos,
para siempre dejarte la impresión de los míos.

Era ya medianoche y en la oscura alameda
murmuraban las hojas con voz débil y queda,
mientras dulce y tranquila, tras finísimo velo
de neblina, la luna se elevaba en el cielo.
¡Cuán hermosa es la vida! ¡Cuán hermosa!, dijiste.
Sí, la vida es hermosa —contesté—, pero es triste
que se acabe tan pronto... Y seguimos andando,
tú, pensando en la vida, yo en la muerte pensando.

Sí, la muerte, la muerte —murmuré—, y asustada
te paraste y me viste con medrosa mirada,
y en tus ojos tan grandes y en tus ojos tan bellos,
vi brillar más que nunca la mirada de aquéllos,
y en mi fiebre inextinta de pasión y locura,
recorrióme la suave sensación de frescura,
del que asciende a la cumbre o desciende al abismo...
y después..., ¿quién lo sabe, si lo ignoro yo mismo?

En un charco de sangre, allí estabas tendida,
para siempre callada, para siempre dormida,
con los ojos abiertos, muy abiertos... abiertos,
y mirándome siempre como miran los muertos,
sin amor y sin odio, sin placer ni amargura,
con sutil ironía, y a la vez con ternura.

Todavía en mi diestra el puñal humeaba,
pero ya en mis oídos el furor no gritaba,
y crecía el espanto, y la angustia crecía,
y humeaba en mi diestra el puñal todavía
con el vaho candente de tu sangre ardorosa,
de tu sangre de virgen, de tu sangre de diosa.

Mas, ¡oh dicha, que en medio de mi crimen surgiera!
Al dejar en tus labios la caricia postrera,
vi que al fin se borraba de tus yertos despojos,
la impresión de sus labios, la impresión de sus ojos,
y en tus labios ya muertos, y en tus labios ya fríos,
para siempre quedaba la impresión de los míos.

Felipe Guerra Castro

Los amantes

Tallos. Soledades
ligeras. ¿Balcones
en volandas? Montes,
bosques, aves, aires.

Tanto, tanto espacio
ciñe tu presencia
móvil de planeta.
Los tercos abrazos.

¡Gozos, masas, gozos,
masas, plenitud,
atónita luz
y rojos absortos!

¿Y el día? Lo plano
del cristal. La estancia
se ahonda, callada.
Balcones en blanco.

Sólo, Amor, tú mismo,
tumba. Nada, nadie,
tumba. Nada, nadie.
Pero...—¿Tú conmigo?

Jorge Guillén

Mulata

Ya yo me enteré, mulata,
mulata, ya sé que dice
que yo tengo la narise
como nudo de corbata.

Y fíjate bien que tú
no ere tan adelantá,
porque tu boca e bien grande
y tu pasa, colorá.

Tanto tren con tu cuerpo,
tanto tren
tanto tren con tu boca,
tanto tren
tanto tren con tus ojos,
tanto tren

Si tú supieras, mulata,
la verdá;
que yo con mi negra tengo
y no te quiero pa ná.

Nicolás Guillén

Acuérdate de mí

Pronto voy a perderte;
la hora del martirio se aproxima:
ya se acerca mi muerte
y del sepulcro mírase la sima.

Cortados están ya los azahares
que deben coronar tu cabellera,
ya preludia la iglesia sus cantares,
¡y el tálamo te espera!

El velo de la virgen desposada
ceñirá presto tu gentil cabeza...
Hay en tu pecho luces de alborada
y en mi espíritu sombras de tristeza.

Allí el hogar te llama,
allí te espera el anhelante esposo;
los cirios centellean;
del órgano el acento majestuoso
ya retiembla en la cúpula sagrada,
y del cielo en la bóveda azulada
los astros del hogar relampaguean.

Traspasa esos umbrales, hija mía;
ciñe a tu frente la gentil corona,
que aunque cause de mi alma la agonía
es mi espíritu grande y... ¡te perdona!

El transparente velo
que por tus hombros sonrosados baja,
será muralla que me oculte el cielo
y será de mi espíritu mortaja.

Mas ¿qué importa mi espíritu y mi vida?
¿Qué importa mi afanar y mi delirio?
¡Dame el puñal sangriento del suicida
y prepara la hoguera del martirio!

Traspasa, sí, las puertas del santuario
para tu amor abierto;
no te asombre ese toque funerario,
que lloran las campanas por un muerto.

Mas oye: si mi frente no se abate
del rayo del dolor al golpe rudo,
si mi alma sólo muere en el combate
y a llamamiento del deber acudo,
y el puñal acerado del suicida
de mi mano convulsa la fe arranca;
si aun para sufrir me queda vida
y el llanto en mis pupilas aún se estanca,
escúchame mi bien; cuando a tu frente
ciñas triunfante la nupcial corona,
recuerda al triste trovador doliente
que sufre, que te adora y te perdona.

Y piensa, si del templo traspasaste
el umbral, de la cruz en la presencia,
que al entrar a este templo destrozaste
mi esperanza, mi amor y mi creencia.

Si escuchas del órgano sonoro
la vibración solemne y majestuosa,

que retumba en las bóvedas del coro
y rueda por la nave misteriosa;
piensa que allí solloza la alegría
de un corazón por el dolor transido;
piensa que cada nota es un gemido
que mi espíritu exhala en su agonía.

Cuando postrada al pie de los altares,
y de rubor cubierto tu semblante,
estreches en tu mano torneada
la sacrílega mano de tu amante,
converge, sí, tu célica mirada
al ángulo de lóbrega capilla,
y si ves como imagen evocada
una sombra en el muro reclinada
al fulgor de la lámpara amarilla;
y si escuchas el rápido latido
de un corazón que de amargura estalla,
y si elevan los vientos a tu oído
el sofocado y lúgubre alarido
de un ser que lucha en infernal batalla,
piensa que tú engendraste su tormento,
que conocer le hiciste la venganza
y apagando la luz del sentimiento,
marchitando su noble pensamiento,
en sepulcro trocaste su esperanza.

Recuerda que mi vida envenenaste,
que en el abismo del dolor me hundiste
y a perpetuo llorar me condenaste,
y a maldecir del cielo me enseñaste,
¡y mi alma en los inviernos sumergiste!

Manuel Gutiérrez Nájera

La duquesa Job

En dulce charla de sobremesa,
mientras devoro fresa tras fresa
y abajo ronca tu perro "Bob",
te haré el retrato de la duquesa
que adora a veces el duque Job.

No es la condesa que Villasana
caricatura, ni la poblana
de enagua roja, que Prieto amó;
no es la criadita de pies nudosos,
ni la que sueña con los gomosos
y con los gallos de Micoló.

Mi duquesita, la que me adora,
no tiene humos de gran señora;
es la griseta de Paul de Kock.
No baila "Boston", y desconoce
de las carreras el alto goce,
y los placeres del "five o'clock".

Pero ni el sueño de algún poeta,
ni los querubes que ha visto Job,
fueron tan bellos cual la coqueta
de ojillos verdes, rubia griseta
que adora a veces el duque Job.

Si pisa alfombras, no es en su casa;
si por Plateros alegre pasa
y la saluda Madam Marnat,
no es, sin disputa porque la vista;
sí porque a casa de otra modista
desde temprano rápida va.

No tiene alhajas mi duquesita
pero es tan guapa y es tan bonita
y tiene un cuerpo tan "v'lan" tan "pschutt"
de tal manera trasciende a Francia
que no la igualan en elegancia
ni las clientas de Helén Kossut.

Desde las puertas de La Sorpresa,
hasta la esquina del Jockey Club,
no hay española, yanqui o francesa,
ni más bonita, ni más traviesa
que la duquesa del duque Job.

¡Cómo resuena su taconeo
en las baldosas! ¡Con qué meneo
luce su talle de tentación!
Con qué airecito de aristocracia
mira a los hombres y con qué gracia
frunce los labios ¡Mimí Pinsón!

Si alguien la alcanza, si la requiebra,
ella, ligera como una zebra,
sigue camino del almacén;
pero ¡ay del tuno si alarga el brazo!
¡Nadie le salva del sombrillazo
que le descarga sobre la sien!

¡No hay en el mundo mujer más linda!
Pie de andaluza, boca de guinda,
"Sprit" rociado de Veuve Clicot:
talle de avispa, cutis de ala,
ojos traviesos de colegiala
como los ojos de Louise Taheot.

Ágil, nerviosa, blanca, delgada,
media de seda bien estirada,
gola de encaje, corsé de ¡crac!
nariz pequeña, garbosa, cuca,
y palpitantes sobre la nuca
rizos tan rubios como el cognac.

Sus ojos verdes bailan el tango,
nada hay más bello que el arremango
¡provocativo de su nariz!
Por ser tan joven y tan bonita,
cual mi sedosa, blanca gatita,
diera sus pajes la emperatriz.

¡Ah!, tú no has visto cuando se peina,
sobre sus hombros de rosa reina
caer los rizos en profusión!
Tú no has oído qué alegre canta,
mientras sus brazos y su garganta
¡de fresca espuma cubre el jabón!

Y los domingos... ¡Con qué alegría
oye en su lecho bullir el día
y hasta las nueve quieta se está!
¡Cual se acurruca la perezosa,
bajo la colcha color de rosa,
mientras a misa la criada va!

La breve cofia de blanco encaje
cubre sus rizos, el limpio traje
aguarda encima del canapé;
altas, lustrosas y pequeñitas,
sus puntas muestran las dos botitas,
abandonadas del catre al pie.

Después, ligera, del lecho brinca.
¡Oh!, quién la viera cuando se hinca
Blanca y esbelta sobre el colchón!
¿Qué valen junto de tanta gracia
las niñas ricas, la aristocracia,
ni mis amigas de cotillón?

Toco; se viste; me abre, almorzamos;
con apetito los dos tomamos
un par de huevos y un buen bistec,
media botella de rico vino,
y en coche juncos, vamos camino
del pintoresco Chapultepec.

Desde las puertas de La Sorpresa,
hasta la esquina del Jockey Club,
no hay española, yanqui o francesa,
ni más bonita, ni más traviesa
que la duquesa del duque Job.

Manuel Gutiérrez Nájera

Versos de álbum

Princesita de cuento de hadas
la gentil, la fragante, la esbelta,
¿en qué astro se abrieron tus ojos?
¿De cuál concha brotó la belleza
de tu cuerpo ondulante y gallardo
como línea de ánfora griega?

¿De las ondas saliste cautiva,
como búcaro fresco de perlas,
o saltaste temblando de frío
de la copa de blanca azucena?
¿En qué lirio labraron los genios
ese cuerpo de hada, princesa?

Cuando pasas, el aire se entibia
y de aroma suave se impregna,
se estremece de amor el follaje,
palidece la nívea gardenia...
Los botones de rosa, encendidos,
en voz baja murmuran: ¡es ella!

¿A qué príncipe estás prometida,
¿qué castillo en el bosque te espera?
¿Es acaso el de torres de oro
o el ebúrneo del rey de Bohemia?
¿El que tiene diamantes por gradas,
en la ancha, triunfal escalera,

o el palacio de gotas de iris
que en sus alas los cisnes elevan?

¿Lohengrin, en un rayo de luna,
baja a verte, cautiva, princesa?

Soñadora de dulce mirada,
de mirada profunda que sueña
y que baja del alma a lo hondo
y en lo hondo del alma se queda,
las venturas, cual blancas palomas,
revolando sumisas, te cercan,
y tu mórbido cuello acarician,
y en tus hombros de nieve aletean,
...soñadora de dulce mirada
y de cuerpo gentil de princesa.

Manuel Gutiérrez Nájera

Menos tu vientre...

Menos tu vientre
todo es confuso.
Menos tu vientre
todo es futuro
fugaz, pasado
baldío, turbio.
Menos tu vientre
todo es oculto,
menos tu vientre
todo inseguro,
todo postrero,
polvo sin mundo.
Menos tu vientre
todo es oscuro,
menos tu vientre
claro y profundo.

Miguel Hernández

Amor sádico

Ya no te amaba, sin dejar por eso
de amar la sombra de tu amor distante.
Ya no te amaba y, sin embargo, el beso
de la repulsa nos unió un instante...

Agrio placer y bárbaro embeleso
crispó mi faz, me demudó el semblante;
ya no te amaba, y me turbé, no obstante,
como una virgen en un bosque espeso.

Y ya perdida para siempre, al verte,
anochecer en el eterno luto.
—Mudo el amor, el corazón inerte—.

Huraño, atroz, inexorable, hirsuto...
Jamás viví como en aquella muerte,
nunca te amé como en aquel minuto.

Julio Herrera y Reissig

La mujer caída

¡Nunca insultéis a la mujer caída!
Nadie sabe qué peso la agobió,
ni cuántas luchas soportó en la vida,
¡hasta que al fin cayó!

¿Quién no ha visto mujeres sin aliento
asirse con afán a la virtud,
y resistir del vicio el duro viento
con serena actitud?

Gota de agua pendiente de una rama
que el viento agita y hace estremecer;
¡perla que, el cáliz de la flor derrama,
y que es lodo al caer!

Pero aún puede 1a gota peregrina
su perdida pureza recobrar,
y resurgir del polvo, cristalina,
y ante la luz brillar.

Dejad amar a la mujer caída,
dejad al polvo su vital calor,
porque todo recobra nueva vida
con la luz y el amor.

Víctor Hugo

A una dama

Tu gracia, tu valor, tu hermosura,
muestra de todo el cielo, retirada,
como cosa que está sobre natura,
ni pudiera ser vista ni pintada.

Pero yo, que en el alma tu figura
tengo, en humana forma abreviada,
tal hice retratarte de pintura,
que el amor te dejó en ella estampada.

No por ambición vana o por memoria
tuya, o ya por manifestar mis males
mas por verte más veces que te veo,

y por sólo gozar de tanta gloria,
señora, con los ojos corporales,
como con los del alma y del deseo.

Diego Hurtado de Mendoza

La hora

Tómame ahora que aún es temprano
y que llevo dalias nuevas en la mano.
Tómame ahora que aún es sombría
esta taciturna cabellera mía.

Ahora, que tengo la carne olorosa,
y los ojos limpios y la piel de rosa.
Ahora, que calza mi planta, ligera
la sandalia viva de la primavera.

Ahora que en mis labios trepida la risa
como una campana sacudida aprisa.
¡Que ya nada de eso más tarde tendré!
Después..., ¡ah, yo sé
que entonces inútil será tu deseo,
como ofrenda puesta sobre un mausoleo!

¡Tómame ahora que aún es temprano
y que tengo rica de nardos la mano!
Hoy, y no más tarde. Antes que anochezca
y se vuelva mustia la corola fresca.
Hoy, y no mañana. Oh, amante, ¿no ves
que la enredadera crecerá ciprés?

Juana de Ibarbourou

Reliquia

En la calle silenciosa
resonaron mis pisadas;
al llegar frente a la reja
sentí abrirse la ventana...

¿Qué me dijo? ¿Lo sé acaso?
Hablábamos con el alma...
como era la última cita,
la despedida fue larga.

Los besos y los sollozos
completaron las palabras
que de la boca salían
en frases entrecortadas.

"Rézale cuando estés triste,
dijo al darme una medalla,
y no pienses que vas solo
si en tus penas te acompaña".
Le dije adiós muchas veces
sin atreverme a dejarla,
y al fin, cerrando los ojos,
partí sin volver la cara.

No quiero verla, no quiero,
¡será tan triste encontrarla

con hijos que no son míos
durmiendo sobre su falda!

¿Quién del olvido es culpable?
Ni ella ni yo: la distancia...
¿Qué pensará de mis versos?
Tal vez mucho, quizá nada.

No sabe que mis tristezas,
frente a la imagen de plata,
inventó unas oraciones,
que suplen las olvidadas.

¿Serán buenas? ¡Quién lo duda!
Son sinceras, y eso basta;
yo les rezo a mis recuerdos
frente a la tosca medalla,

y se iluminan mis sombras,
y se alegra mi nostalgia,
y cruzan nubes de incienso
el santuario de mi alma.

Francisco A. de Icaza

Amor

No, no has muerto, no.
Renaces,
con las rosas, en cada primavera.
Como la vida, tienes
tus hojas secas;
tienes tu nieve,
como la vida...
Mas tu tierra,
amor, está sembrada
de profundas promesas,
que han de cumplirse aun en el mismo
olvido.
¡En vano es que no quieras!
La brisa dulce torna, un día, al alma;
una noche de estrellas,
bajas, amor, a los sentidos,
casto como la vez primera.
¡Pues eres puro, eres
eterno! A tu presencia,
vuelven por el azul, en blanco bando,
blancas palomas que creíamos muertas...
Abres la sola flor con nuevas hojas...
Doras la inmortal luz con lenguas nuevas...
¡Eres eterno, amor,
como la primavera!

Juan Ramón Jiménez

Seducción

Tus undosos cabellos,
que a tu rostro dan sombra,
a la espalda te caen
y fulgura radiosa
tu pupila brillante,
y se ríe tu boca.

Y me embriagan los ecos
de tu voz melodiosa,
como el vino aromático,
que se vierte en las copas:
¡y qué dulce es tu beso
y qué fresca es tu boca!

Y al mirar tus mejillas,
que son hojas de rosa,
mis pupilas contemplan,
fascinadas, absortas,
los hoyuelos formados
al reír de tu boca.

Y si alguno te acusa
de tirana imperiosa
es un hombre inconstante,
cuya fe, cual la onda,
si se pierde, no vale,
el reír de tu boca.

Y tu beso dulcísimo
cual la flor, tiene aroma;
el perfume del cáliz
con que embriaga la rosa,
y las almas seduces
al besar de tu boca.

Tus traiciones olvido,
¡es tu faz tan hermosa!
cuando dices mirándome:
"¡Mis pecados perdona!"
se ríen tus ojos,
como ríe tu boca.

Mis amigos te llaman
desleal, veleidosa,
¡mas no hay otra tan bella!
¡Toda el alma me roban
tus pupilas negrísimas,
y el reír de tu boca!

Kushal Khan

El sueño

Era el amanecer, y por los juntos
postigos del balcón, su albor prístino
filtraban el sol en mi aposento ciego;
llena el sueño de sombras las pupilas,
vino a mi lado, me miró de cerca
la imagen fiel de la que amor primero
me enseñara y después copioso llanto.

Muerta no parecía, sino triste
criatura infeliz. A la cabeza
la diestra me acercó, y en un suspiro:
¿Vives —me dijo— ni recuerdo tienes
ya de nosotros?" Respondí: "¿De dónde
vienes, cara beldad? ¡Ay, cuánto, cuánto
por ti sufriera y sufro! Ni esperaba
que a saberlo llegases, y así era
desconsolado más el dolor mío.
Pero ¿vas a dejarme nuevamente?
¡Ay!, temiéndolo estoy. Mas di, ¿qué fuera
de ti? ¿La de antes eres?, y ¿qué interno
mal te atormenta? Ya el olvido anubla
tu pensamiento, y el sopor lo envuelve".

Respondió: "Muerta soy; ha muchas lunas
que no me has visto ya". Sintió mi pecho
dura opresión, mientras seguía ella:
"En la flor de mis años extinguida,

cuando el vivir es más gustoso, y antes
de que comprenda el corazón lo vano
de la esperanza. En desear a aquella
que sus afanes cura, poco tarda
triste el mortal; mas llega sin consuelo
la muerte al mozo, y el destino es duro
de la esperanza que la tumba sacia.
Vano es saber lo que natura esconde
al inexperto de la vida, y mucho
prevalece el saber no madurado
ciego el dolor". "¡Oh, amada, sin ventura,
calla, calla —exclamé— que me destrozas,
hablando, el corazón! ¿Así, amor mío,
muerta estás, y yo en vida, y en el cielo
mandado estaba que el sudor extremo
sentir debiese el cuerpecillo amado
y no más estos míseros despojos
enteros me quedasen? ¡Cuántas veces,
al pensar que no vives, que ya nunca
te hablaré en este mundo, no lo puedo
creer! ¡Ay de mí triste! ¿Qué es aquesto
que llaman muerte? ¡Si hoy, para probarlo,
poder tuviera, la cabeza inerme
sustrayendo al rencor tenaz del hado!
¡Joven soy, mas se pierde y se consume
como vejez mi juventud!, y temo,
lejana aún, a la vejez. Mas poco
distinta de ella es la flor de mis años.

"Ambos nacimos para el llanto", dijo.
No sonrió la dicha a nuestra vida
y el cielo en nuestras cuitas deleitóse.
Mas si me baña el llanto las pupilas,
y en palidez se vela mi semblante

por tu ausencia, y si llevo de honda angustia
cargado el corazón, dime: ¿ninguna
chispa de amor o de piedad en vida
por el mísero amante conmoviera
tu corazón? Yo, entonces, esperaba,
desesperaba, día y noche; en vana
duda se estanca hoy la mente mía.
Que si una sola vez mi vida negra
con su dolor te hirió, no me lo escondas,
te lo pido, y acórrame el recuerdo,
ya que de lo futuro nuestros días
se ven privados". Y en ella: "Ten consuelo,
¡oh sin ventura!, de piedad avara
no te fui en vida, ni te soy, que digna
fui de piedad también. No te querelles
de aquesta infelicísima doncella".

"Por nuestras desventuras —clamé entonces—
y el amor que sentí por aquel grato
nombre de juventud, por la esperanza
de nuestros días muerta, dame, amada,
tu diestra, que la toque." Y ella, en el acto
triste y suave la tendía. Mientras
se la cubro de besos, palpitante
de afanosa dulzura, y al ansioso
pecho la oprimo, de sudor el rostro
y el pecho hervía; en las fauces presa
la voz; la luz temblábame en los ojos.
Ya ella, los ojos tiernamente fijos
en mis ojos, clamó: "¿Ya no recuerdas,
amor, que de belleza estoy desnuda?
y en vano, sin ventura, te estremeces
y ardes de amor. Adiós, por vez postrera.
Nuestras míseras mentes, nuestros cuerpos

para siempre se apartan. Ya no vives
para mí, nunca vivirás: el hado
rompió la fe que me juraste".

Quise gritar de angustia, y desmayado, llenas
de inconsolable llanto las pupilas,
me desprendí del sueño. Mas los ojos
reteníanla aún, y en el incierto
rayo de sol me parecía verla.

Giacomo Leopardi

Definición del amor

Desmayarse, atreverse, estar furioso,
áspero, tierno, liberal, esquivo,
alentado, inmortal, difunto, vivo,
leal, traidor, cobarde y animoso;

no hallar fuera del bien, centro y reposo,
mostrarse alegre, triste, humilde, altivo,
enojado, valiente, fugitivo,
satisfecho, ofendido, receloso;

huir el rostro al claro desengaño,
beber veneno por licor suave,
olvidar el provecho, amar el daño;

creer que un cielo en un infierno cabe,
dar la vida y el alma a un desengaño,
esto es amor; quien lo probó, lo sabe.

Félix Lope de Vega

Hay en mi amor

Mujer, hay en mi amor un dulce y franco
sollozo de fontana,
un misterio de sol en la mañana,
un pedazo de luna como un blanco
latido, y un cantar en mi ventana...

Toda tú, toda tú que te deshojas
en mi balcón como una primavera
de música, de luz y enredadera,
con la amistad profunda de tus hojas.

Magia impecable de tu voz de trino,
rosas y rosas de tus manos frágiles,
piedras preciosas de tus ojos, vino
sentimental de tus cabellos ágiles.

Y tu cuerpo que puso en mi camino
un afán de sentirme diamantino...
Con tu nombre inactual de colegiala
secuestras todos mis anhelos sabios...
¿No sientes que tu nombre se resbala
mansamente a la sombra de mis labios?

Te sueño a veces pensativa y franca
para mi corazón, tal una gota
que cae en la ilusión de mi derrota
como en la cuenca de una mano blanca...

¡Mujer, te doy las gracias porque pones
la amistad de tu lánguida pupila
en el santo dolor de mis balcones;
te doy las gracias porque me destila
miel de abejas tu voz... por tus sonrojos
que son la esencia de la aristocracia,
y porque yo he soñado que en tus ojos
se va infantilizando mi desgracia!

Clemente López Trujillo

Oceanía

El mar, lleno de urgencias masculinas,
bramaba alrededor de tu cintura,
y en tus cabellos, y en tu astral blancura,
rieló con cadencias opalinas
esa luz de las tardes mortecinas
que en el agua pacífica perdura.

Palpitando a los ritmos de tu seno,
hinchóse en una ola el mar sereno;
para hundirte en sus vértigos felinos
su voz te dijo una caricia vaga,
y al penetrar entre tus muslos finos,
la onda se aguzó como una daga.

Leopoldo Lugones

Dando las joyas

Quiero cubrir de joyas tu cabello,
tu garganta y tu pecho, brazos, manos,
en memoria de todas las caricias
que te haga ahora y que te hice antes.

Como lluvia, las joyas en tus miembros,
como lluvia los besos de mi amor,
y bajo cada beso que se encienda
un nuevo resplandor, como una estrella.

Una joya por beso, que ilumine,
quieta noche, lo noble de tu cuerpo;
mas después el gran día, luego el día;
la esposa, sin las joyas, del esposo.

Joan Maragall

Salmo de amor

¡Dios te bendiga, amor, porque eres bella!
¡Dios te bendiga, amor, porque eres mía!
¡Dios te bendiga, amor, cuando te miro!
¡Dios te bendiga, amor, cuando me miras!

Dios te bendiga si me guardas fe:
si no me guardas fe, ¡Dios te bendiga!
¡Hoy que me haces vivir, bendita seas;
cuando me hagas morir, seas bendita!

¡Bendiga Dios tus pasos hacia el bien;
tus pasos hacia el mal, Dios los bendiga!
¡Bendiciones a ti cuando me acoges;
bendiciones a ti cuando me esquivas!

Bendígate la luz de la mañana
que al despertarte hiere tus pupilas;
bendígate la sombra de la noche,
que en su regazo te hallara dormida!

¡Abra los ojos para bendecirte,
antes de sucumbir, el que agoniza!
¡Si al herir te bendice el asesino,
que por su bendición Dios le bendiga!

¡Bendígate el humilde a quien socorras!
¡Bendígante, al nombrarte, tus amigas!

¡Bendígante los siervos de tu casa!
¡Los complacidos deudos te bendigan!

¡Te dé la tierra bendición en flores,
Y el tiempo en copia de apacibles días,
y el mar se aquiete para bendecirte,
y el dolor se eche atrás y te bendiga!

¡Vuelva a tocar con el nevado lirio
Gabriel tu frente, y la declare ungida!
¡Dé el cielo a tu piedad don de milagro
y sanen los enfermos a tu vista!

¡Oh, querida mujer...! ¡Hoy que me adoras,
todo de bendiciones es el día!
¡Yo te bendigo, y quiero que conmigo
Dios y el cielo y la tierra te bendigan!

Eduardo Marquina

La niña de Guatemala

Quiero, a la sombra de un ala,
contar este cuento en flor:
la niña de Guatemala,
la que se murió de amor.
Eran de lirios los ramos,
y las orlas de reseda
y de jazmín; la enterramos
en una caja de seda...

Ella dio al desmemoriado
una almohadilla de olor;
él volvió, volvió casado;
ella se murió de amor.

Iban cargándola en andas
obispos y embajadores;
detrás iba el pueblo en tandas,
todo cargado de flores...

Ella, por volverlo a ver,
salió a verlo al mirador;
él volvió con su mujer;
ella se murió de amor.

Como de bronce candente
al beso de despedida

era su frente ¡la frente
que más he amado en mi vida!

Se entró de tarde en el río,
la sacó muerta el doctor;
dicen que murió de frío;
yo sé que murió de amor.

Allí, en la bóveda helada
la pusieron en dos bancos;
besé su mano afilada,
besé sus zapatos blancos.

Callado, al oscurecer,
me llamó el enterrador:
¡nunca más he vuelto a ver
a la que murió de amor!

José Martí

Nada más

Negros los ojos, de mirar profundo.
Roja la boca, como abierta herida,
macizo el cuello, la cabeza erguida
y erguido el pecho de perfil rotundo.

Un corazón muy grande y un jocundo
sentido del Amor y de la Vida,
y un alma que se abre estremecida
a los ensueños líricos del mundo.

No aspiro a nada más. Toda mi gloria
la cediera feliz si de mi historia
borrado del olvido en el secreto

sólo quedará este recuerdo grato:
a una mujer amé: he aquí el retrato;
un soneto escribí: he aquí el soneto.

Pedro Mata

Se me han ido las horas

Se me han ido las horas en tejer un encaje,
en prender una cinta y en bordar una flor...
Se me han ido las horas en mirar un paisaje,
y en oír una fuente y en copiar un celaje,
y en hacer una rima y en soñar un amor.

Se me han ido las horas enhebrando quimeras,
y tejiendo locuras imposibles de ser...
Se me han ido las horas —golondrinas viajeras—
y han pasado los sueños como nubes ligeras,
por mi triste y errante corazón de mujer.

Se me han ido las horas... No me dejes, amado,
arrollar por la ola de la vida vulgar.
Ven a mí dulce dueño, tanto tiempo esperado
y al arrullo divino de tu verso encantado,
¡que me duerma en tus brazos para no despertar!

Margarita Mondragón

Acuérdate de mí

Acuérdate de mí cuando la aurora
abra del Sol el mágico palacio,
cuando meditabunda, soñadora,
cruce la noche el silencioso espacio,
cuando al placer tu corazón palpite,
cuando la tarde a delirar te invite,
oye una voz que se dirige a ti
diciéndote a través del Océano:
¡Acuérdate de mí!

Acuérdate de mí cuando el destino
te haya por siempre para mí eclipsado,
cuando ya sienta el pobre peregrino
marchito el corazón desesperado,
piensa en mi amor, en nuestro adiós supremo,
que yo sé amar y serte infiel no temo,
y el pecho que una vez latió por ti
mientras palpite clamará doliente:
¡Acuérdate de mí!

Acuérdate de mí cuando ya inerte
mi destrozado corazón sucumba,
cuando la flor piadosa de la muerte
sonría sobre el mármol de mi tumba,
¡ay! ¡Ya no te veré! Pero mi alma

de la alta noche en la solemne calma
como una hermana fiel volverá a ti
y oirás que te murmura dulcemente:
¡Acuérdate de mí!

Alfredo de Musset

¡Mírame, Sultana!

¡Mírame, Sultana,
con tus grandes ojos, que son como un mar!
¡Mírame, Sultana!
Piensa que mañana
ya los dos tendremos la cabeza cana
¡y acaso estaremos hastiados de amar!

¡Bésame, Sultana,
con tus labios rojos que huelen a azahar!
¡Bésame, Sultana!
Piensa que mañana
pasarás las horas junto a la ventana,
con el alma enferma, ¡de tanto esperar!

¡Sígueme, Sultana,
que a un país de ensueño te voy a llevar!
¡Sígueme, Sultana!
Piensa que mañana
irás arrastrando tu cuerpo de anciana,
sin hallar ninguna juventud lozana,
que te dé su sombra..., ¡para descansar!

Rubén C. Navarro

Por esa veredita

Por esa veredita que serpea,
se marchó de la aldea
mi novia Flor de Anís...
Por esa veredita silenciosa,
envuelta en la penumbra misteriosa
de aquella tarde gris...
Por esa veredita silenciosa,
se volvió tediosa
mi vida antes feliz,
y en mis noches de insomnio y de pavura,
mi labio enjuto sin cesar murmura:
¡Flor de Anís...! ¡Flor de Anís...!

¡Ah, malhaya el amor cuando se aleja,
sabiendo que nos deja
sujetos al martirio de esperar!
¡Ah, malhaya el amor cuando se ha ido...!
¡Quién pudiera saber lo que es olvido!
¡Quién supiera olvidar...!

¡Madre!, tú que conoces mi tortura,
tú que le pides a la Virgen pura
me venga a consolar,
tú que tanto me adoras,
tú que conmigo lloras
cuando me ves llorar,

¿por qué nunca me dices
adónde van las vereditas grises?

¡Madre...! Deja que a solas me repita
por esa veredita...
Por esa veredita que serpea,
se marchó de la aldea
mi novia Flor de Anís;
por esa veredita silenciosa,
envuelta en la penumbra misteriosa
de aquella tarde gris...

Rubén C. Navarro

Ángela Adónica

Hoy me he tendido junto a una joven pura
como a la orilla de un océano blanco
como en el centro de una ardiente estrella
de lento espacio.

De su mirada largamente verde
la luz caía como un agua seca
en transparentes y profundos círculos
de fresca fuerza.

Su pecho como un fuego de dos llamas
ardía en dos regiones levantado,
y en doble río llegaba a sus pies
grandes y claros.

Un clima de oro maduraba apenas
las diurnas longitudes de su cuerpo
llenándolo de frutas extendidas
y ocultos fuegos.

Pablo Neruda

Para ella

Yo no nací para reír, en vano
el sol baña con oros mi cabeza,
soy gentilhombre del dolor humano
y envuelto voy al insondable arcano
en el manto imperial de mi tristeza.

Nunca supe del bien, supe de dolo,
de frío y soledad; mi ser remeda
la noche pertinaz que cubre al polo.
Dejadme con mi angustia... ¡Estoy tan solo!
si me quitan mi angustia, ¿qué me queda?

Me quieres, bien lo sé, piadosa y franca
desciendes a mi mal con heroísmo,
y donde todo es negro, tú eres blanca
florecita de nieve en la barranca,
estrellita de luz en el abismo.

Me quieres, bien lo sé; pero me espanta
pensar que mi existencia es tan oscura,
que tu almita de luz, tu almita santa,
negra se volverá con sombra tanta
por querer que amanezca en mi negrura.

¿Cómo amaste el invierno siendo flor?
Cómo amaste el desierto siendo broche?
Cómo amaste el erial, ave canora?

Cómo tú, que eres lampo de la aurora
pudiste enamorarte de mi noche?

Dios lo sabe. Él te trajo a mi morada,
señaló a nuestro amor, la selva oscura,
hoy que penas en medio la jornada
yo reclino tu frente inmaculada
en el hombro inmortal de mi ternura.

Y el cielo prueba nuestro amor, el gozo
huyó gorjeando de la reja,
donde el sol alumbró tanto alborozo
y yo ya no soy más que una gran queja.

¡Cuántas dichas ayer en nuestra escena!
Pero el ala de Dios cubrió el santuario,
y sin piedad de ti que eres tan buena,
te clavó en el madero de la pena,
te trocó en virgencita del Calvario.

Mas ¿qué importa? El dolor es soberano
dispensador de gloria y de nobleza,
mi estrellita..., mi flor..., dame la mano
y vayamos envueltos al arcano
en el manto imperial de mi tristeza.

Amado Nervo

Idilio salvaje

A fuerza de pensar en tus historias
y sentir con tu propio sentimiento,
han venido a agolparse al pensamiento
rancios recuerdos de perdidas glorias.

Y evocando tristísimas memorias,
porque siempre lo ido es triste, siento
amalgamar el oro de tu cuento
de mi viejo román con las escorias.

¿He interpretado tu pasión? Lo ignoro;
que me apropio al narrar, algunas veces
el goce extraño y el ajeno lloro.

Sólo sé que, si tú los encareces
con tu ardiente pincel, serán de oro
mis versos, y esplendor sus lobregueces.

I

¿Por qué a mi helada soledad viniste
cubierta con el último celaje
de un crepúsculo gris...? Mira el paisaje,
árido y triste, inmensamente triste.

Si vienes del dolor y en él nutriste
tu corazón, bien vengas al salvaje

desierto, donde apenas un miraje
de lo que fue mi juventud existe.

Mas si acaso no vienes de tan lejos
y en tu alma aún del placer quedan los dejos,
puedes tornar a tu revuelto mundo.

Si no, ven a lavar tu cirio manto
en el mar amarguísimo y profundo
de un triste amor o de un inmenso llanto.

II

Mira el paisaje: inmensidad abajo
inmensidad, inmensidad arriba:
en el hondo perfil, la sierra altiva
al pie minada por horrendo tajo.

Bloques gigantes que arrancó de cuajo
el terremoto de la roca viva;
y en aquella sabana pensativa
y adusta, ni una senda, un atajo.

Asoladora atmósfera candente,
do se incrustan las águilas serenas,
como clavos que se hunden lentamente.

Silencio, lobreguez, pavor tremendos
que viene sólo a interrumpir apenas
el galope triunfal de los berrendos.

III

En la estepa maldita, bajo el peso
de sibilante brisa que asesina,
yergues tu talla escultural y fina,
como un relieve en el confín impreso.

El viento entre los médanos opreso
canta cual una música divina,
y finge, bajo la húmeda neblina,
un infinito y solitario beso.

Vibran en el crepúsculo tus ojos,
un dardo negro de pasión y enojos
que en mi carne y mi espíritu se clava;

y, destacada contra el sol muriente,
como un airón, flotando inmensamente,
tu bruna cabellera de india brava.

IV

La llanura amarguísima y salobre,
enjuta cuenca de océano muerto
y, en la gris lontananza, como puerto,
el peñascal, desamparado y pobre.

Unta la tarde en mi semblante yerto
aterradora lobreguez, y sobre
tu piel tostada por el sol, el cobre
y el sepia de las rocas del desierto.

Y en el regazo donde sombra eterna,
del peñascal bajo la enorme arruga,
es para nuestro amor, nido y caverna;

las lianas de tu cuerpo retorcidas
en el torso viril que te subyuga,
con una gran palpitación de vidas.

V

¡Qué enferma y dolorida lontananza!
¡Qué inexorable y hosca la llanura!
Flota en todo el paisaje tal pavura,
como si fuera un campo de matanza.

Y la sombra que avanza... avanza... avanza,
parece, con su trágica envoltura,
el alma ingente, plena de amargura,
de los que han de morir sin esperanza.

Y allí estamos nosotros oprimidos
por la angustia de todas las pasiones,
bajo el peso de todos los olvidos.

¡En un cielo de plomo el sol ya muerto;
y en nuestros desgarrados corazones
el desierto, el desierto... y el desierto!

VI

¡Es mi adiós...! Allá vas, bruna y austera,
por las planicies que el bochorno espalda,
al verberar tu ardiente cabellera,
como una maldición, sobre tu escalda.

En mis desolaciones, ¿qué me espera...?
(ya apenas veo tu arrastrante falda)

una deshojazón de primavera
y una eterna nostalgia de esmeralda.

El terremoto humano ha destruido
mi corazón y todo en él expira.
¡Mal hayan el recuerdo y el olvido!

Aún te columbro, y ya olvidé tu frente;
sólo ¡ay! tu espalda miro, cual se mira
lo que huye y se aleja eternamente.

Envío

En tus aras quemé mi último incienso
y deshojé mis postrimeras rosas,
do se alzaban los templos de mis diosas
ya sólo queda el arenal inmenso.

Quise entrar en tu alma, y ¡qué descenso,
qué andar por entre ruinas y entre fosas!
¡A fuerza de pensar en tales cosas
me duele el pensamiento cuando pienso!

¡Pasó...! ¿Qué resta ya de tanto y tanto
deliquio? En ti, ni la moral dolencia
ni el dejo impuro, ni el sabor del llanto.

Y en mí, ¡qué hondo y tremendo cataclismo!
¡Qué sombra y qué pavor en la conciencia,
y qué horrible disgusto de mí mismo!

Manuel José Othón

Antigua plegaria

Haz el milagro, virgen María
de que miren sus ojos claros,
de que me amparen sus rubias trenzas,
de que me nombren sus labios rojos.

Tú, que vigilas cuando ella duerme,
entra en sus sueños más encantados
para decirle que soy el héroe
del cuento rosa con que ha soñado.

Haz que se tiña con los rubores
por mí su frente, como los nardos,
y que, leyendo mis pobres versos,
tiemblen los lirios que son sus manos.

Ya que me cabe la insigne gracia
de ser poeta, seré un bardo,
para inclinarme sobre las aras
cuando me nombren sus rojos labios,
cuando me amparen sus rubias trenzas,
cuando me miren sus ojos claros.

Mas como el tiempo pasa y destroza
todo el miraje que urde el encanto,
pasó el poema como una nube
y el prisma roto mostró el engaño.

Y hoy, virgen santa, si yo pudiera,
te pediría con fe de antaño
que desterraras de mi recuerdo
los rojos labios que me nombraron,
las rubias trenzas que me perdieron,
los ojos claros que me engañaron.

Miguel Othón Robledo

Carta

Con letras ya borradas por los años,
en un papel que el tiempo ha carcomido,
símbolo de pasados desengaños,
guardo una carta que selló el olvido.

La escribió una mujer joven y bella.
¿Descubriré su nombre? ¡No, no quiero!,
pues siempre he sido, por mi buena estrella,
para todas las damas, caballero.

¿Qué ser alguna vez no esperó en vano
algo que, si se frustra, mortifica?
Misterios que al papel lleva la mano,
el tiempo los descubre y los publica.

Aquellos que juzgáronme felice
en amores; que halagan mi amor propio,
aprendan de memoria lo que dice
la triste historia que a la letra copio:

"Dicen que las mujeres sólo lloran
cuando quieren fingir hondos pesares,
los que tan falsa máxima atesoran,
muy torpes deben ser o muy vulgares.

Si cayera mi llanto hasta las hojas
donde temblando está la mano mía,

para poder decirte mis congojas,
con lágrimas mi carta escribiría.

Mas si el llanto es tan claro que no pinta,
y hay que usar de otra tinta más oscura,
la negra escogeré, porque es la tinta
donde más se refleja mi amargura.

Aunque no soy para soñar esquiva
sé que para soñar nací despierta.
Me he sentido morir, y aún estoy viva;
tengo ansias de vivir, y ya estoy muerta.

Me acosan del dolor fieros vestigios.
¡Qué amargas son las lágrimas primeras!
Pesan sobre mi vida veinte siglos,
y apenas cumplo veinte primaveras.

En esta horrible lucha en que batallo,
aún cuando de tu consuelo imploro,
quiero decir que lloro y me lo callo,
y más risueña estoy cuanto más lloro.

¿Por qué te conocí? Cuando temblando
de pasión, sólo entonces no mentida,
me llegaste a decir: ¡te estoy amando
con un amor que es vida de mi vida!

¿Qué te respondí yo? Bajé la frente;
triste y convulsa, te estreché la mano,
porque un amor que nace tan vehemente,
es natural que muera muy temprano.

Tus versos para mí conmovedores,
los juzgué flores puras y divinas,
olvidando, insensata, que las flores
todo lo pierden, menos las espinas.

Yo que, como mujer, soy vanidosa,
me vi feliz creyéndome adorada,
sin ver que la ilusión es una rosa
que vive solamente una alborada.

Cuántos de los crepúsculos que admiras,
pasamos entre dulces vaguedades,
las verdades juzgándolas mentiras,
las mentiras creyéndolas verdades.

Me hablabas de tu amor, y absorta y loca,
me imaginaba estar dentro de un cielo,
y al contemplar mis ojos y mi boca
tu misma sombra me causaba celo.

Al verme embelesada al escucharte,
clamaste —aprovechando mi embeleso—:
"Déjame arrodillar para adorarte",
y al verte de rodillas te di un beso.

Te besé con arrojo, no se asombre
un alma escrupulosa y timorata;
la insensatez no es culpa. Besé a un hombre,
porque toda pasión es insensata.

Debo confesar que un beso ardiente,
aunque robe la dicha y el sosiego,
es el placer más grande que se siente
cuando se tiene un corazón de fuego.

Cuando toqué tus labios fue preciso
soñar que aquel placer se hiciera eterno.
Mujeres: es el beso un paraíso
por donde entramos muchas al infierno.

Después de aquella vez, en otras muchas,
apasionado tú, yo enternecida,
quedaste vencedor en esas luchas
tan dulces en la aurora de la vida.

¡Cuántas promesas, cuantos devaneos!
El grande amor con el desdén se paga;
toda llama que avivan los deseos,
pronto encuentra la nieve que la apaga.

Te quisiera culpar y no me atrevo;
es, después de gozar, justo el hastío;
yo, que soy un cadáver que me muevo,
del amor de mi madre desconfío.

Me engañaste, y no te hago ni un reproche,
era tu voluntad y fue mi anhelo;
reza, dice mi madre, en cada noche;
y tengo miedo de invocar al cielo.

Pronto voy a morir; ésa es mi suerte;
¿quién se opone a las leyes del destino?
Aunque es camino oscuro el de la muerte,
¿quién no llega a cruzar ese camino?

En él te encontraré: todo derrumba
el tiempo, y tú caerás bajo su peso:
tengo que devolverte en ultratumba
todo el mal que me diste con un beso.

¿Mañana he de vivir en tu memoria...?
Mostrar a Dios podremos nuestra historia
en aquella región quizá sombría.
Adiós..., adiós.... hasta el terrible día."

Leí estas líneas y en eterna ausencia
esa cita fatal vivo esperando...
Y sintiendo la noche en mi conciencia,
guardé la carta y me quedé llorando.

Juan de Dios Peza

Confidencias a una estrella

Sigue, sigue blanca estrella,
por el cielo en que naciste
sin dejar ninguna huella...
Siempre te hallaré más bella.
Siempre me verás más triste.

Hoy vengo con mi dolor,
cual antes feliz venía;
mas ya nunca, astro de amor,
ceñirás con tu fulgor
ni su frente, ni la mía.

Tú cruzas por ese cielo
dando con tu luz la calma.
Yo cruzo por este suelo,
llevando en mi desconsuelo,
llena de sombras el alma.

Dame, dame tu luz bella,
que en esta alma sin amor
tú sorprenderás, estrella,
en cada nube una huella
y en cada huella, un dolor.

Tú que has escuchado el canto
de mi primera pasión,
acompaña mi quebranto
y alumbra el amargo llanto
que brota del corazón.

¡Horas del primer cariño!
Tú las miraste lucir,
cuando ante tu luz del niño
la niña en brazos del niño
soñaba en el porvenir.

¡Dulce amor! ¡Grata ciencia!
¡Blanca luz! ¡Delirio ardiente!
¿Por qué huyes de la existencia,
cuando una dura experiencia
va marchitando la frente?

¡Aquellos goces extraños,
aquel esperar en Dios,
sin recoger desengaños!
¡Aquel pasar de los años,
sin perturbar a los dos!

Todo, todo blanca estrella,
tu tibia luz alumbró.
¡Edad de sueños aquélla,
envidiable, dulce, bella,
que para siempre se huyó!

Clelia, al expirar el día,
por estos sitios vendrá;
ya no como antes venía,

que aquella alma que fue mía
pertenece a otra alma, ya.

Antes ¡ay! ¡Cuánto embeleso!
Sollozando de placer,
dejaba en mi frente un beso.
Por eso, estrella, por eso
no quiero volverla a ver.

Ahora, dulce y cariñosa,
en otro sus ojos fijos,
tendrá su boca amorosa;
la majestad de la esposa
para besar a sus hijos.

Con tus rayos blanquecinos
alumbra siempre su hogar.
Aparta nuestros caminos,
y haz que sus ojos divinos
no aprendan nunca a llorar.

Si sigues, tú, blanca estrella,
por el cielo en que naciste,
sin dejar ninguna huella...
Siempre te hallaré mas bella.
¡Siempre me verás más triste!

Juan de Dios Peza

Se querían

Se querían.
Sufrían por la luz, labios azules en la madrugada,
labios saliendo de la noche dura,
labios partidos, sangre, ¿sangre dónde?
Se querían en un lecho navío, mitad noche, mitad luz.
Se querían como las flores a las espinas hondas,
a esa amorosa gema del amarillo nuevo,
cuando los rostros giran melancólicamente,
giralunas que brillan recibiendo aquel beso,
y recibir el trémulo homenaje
de un riquísimo pueblo numeroso
que te rindiera humilde vasallaje.
¿O quieres ser un mago y ver atento
la fuga luminosa de los mundos;
saber cómo se incuba el pensamiento
del cerebro en los senos más profundos;
ver el cometa que en la noche rueda;
o sorprender desnuda la alborada?

No —respondíle yo…
¡quiero ser de seda
para envolver el cuerpo de mi amada!

Alfonso Francisco Ramírez

Todo me gusta en ti, pero...

Todo me gusta en ti, mi alma te ansía:
porque eres más divina que una santa.

Me gusta el alocar de tus cabellos,
la eterna rebeldía que hay en ellos:
me gusta la locura de tu risa,
de esa risa más franca que la brisa;
me gusta el terciopelo de tus ojos
y la lujuria de tus labios rojos...

Todo me gusta en ti, todo me encanta;
la tersura sin par de tu garganta,
el bello naciente de tus senos,
ánforas que el placer mantiene plenos.

Y aquellos dos botones excitantes
que besaron mis labios lujuriantes
cuando abatí, rendido, mi cabeza
rezando ante el altar de tu belleza.

Todo me gusta en ti, mi alma te ansía:
pero... una cosa tuya me quebranta:
tu excesivo flirteo en Galathea,
tu morbosa ansiedad de hacer que crea
todo aquel que te ve y que te admira,

que es tu amor hacia mí, pura mentira;
un amor que resurge en el ocaso
de otro amor que finó con el fracaso.

Todo me gusta en ti, pero es en vano
que ponga sobre ti un cariño humano...

Nos separa un abismo: el de tu vida,
una vida de orgía indefinida
y un amor: el amor al que diste
lo que, acaso, tú nunca presentiste.

Todo me gusta en ti; mi alma te ansía:
si algún día pudiera hacerte mía
¡cuánto yo te amaría...!

Raúl del Real

Oración de la novia

¡Ah, amado mío, desde mis almohadas
blancas de virgen rezo por ti al cielo!
¡Ah si el cielo supiera de qué modo
me están mis soledades consumiendo!

¡Oh mundo, cuándo lo tendré en mis brazos!
Deja que hasta mí venga por mi sueño,
deja que gire en torno suyo como
la sierra y tenga sus solares besos,

y el fuego mío de su fuego beba
para arder juntos en el mismo fuego,
¡oh mundo, hasta fundirnos uno en otro
en un encendimiento ultraterreno!

¡Ah mundo de la luz, mundo del goce!
¡Noche de anhelo y mundo de tormento!
¡Ah sueño de la Tierra, Sol, Sol mío!
¡Ah amado mío, esposo mío, eternos!

Rainer Maria Rilke

Canción

Cuando haya muerto, ¡oh dulce amado mío!,
no cantes para mí tristes lamentos;
no pongas junto a mí rosas de nácar,
ni plantes junto a mí cipreses tétricos.

Esté la verde yerba que me cubra
mojada por las lluvias y el rocío,
y si te es grato recordar, recuérdame;
si te es grato olvidar, dame al olvido.

Yo no podré ya ver las tristes sombras;
ya no podré escuchar caer la lluvia,
ni cómo los divinos ruiseñores
continúan trinando sus angustias.

Y, soñando, al través de mi crepúsculo,
que ya no se alzará ni se pondrá,
pueda yo entonces recordar, dichosa,
pueda dichosa, entonces, olvidar.

Cristina Georgina Rossetti

Con once heridas mortales...

Con once heridas mortales,
hecha pedazos la espada,
el caballo sin aliento
y perdida la batalla,
manchado de sangre y polvo,
en noche oscura y nublada,
en Antígola vencido
y deshecha mi esperanza,
casi en brazos de la muerte
el laso potro aguijaba
sobre cadáveres yertos
y armaduras destrozadas;
y por una oculta senda
que el cielo me deparara,
entre sustos y congojas
llegar logré a Villacañas.

La hermosísima Filena,
de mi desastre apiadada,
me ofreció su hogar, su lecho,
y consuelo a mis desgracias.
Registróme las heridas
y con manes delicadas,
me limpió el polvo y la sangre
que en negro raudal manaban.

Curábame las heridas
y mayores me las daba;
curábame las del cuerpo,
me las causaba en el alma.

Yo, no pudiendo sufrir
el fuego en que me abrasaba,
díjele: hermosa Filena,
basta de curarme, basta;
más crueles son tus ojos
que las polonesas lanzas;
ellas hirieron mi cuerpo
y ellos el alma me abrasan.
Tuve contra Marte aliento
en las sangrientas batallas,
y contra el rapaz Cupido
el aliento hora me falta.
Deja esa cura, Filena,
déjala, que más me agravas,
deja la cura del cuerpo,
atiende a curarme el alma.

Ángel de Saavedra
(Duque de Rivas)

Dos sonetos

I

¡Qué importa! Cuando al fin la hora temida
deje en suspenso el curso de mi historia,
entre estas líneas quedará mi vida
unida estrechamente a tu memoria.

Al volver a leerlas sentirás
que fueron casi todas para ti;
el polvo irá hacia el polvo, mas tendrás
mi espíritu, lo que algo vale en mí.

Perderás lo que pronto se mancilla:
la presa del gusano, cuando muera,
la carne miserable de cuchilla,

indigna de un recuerdo tan siquiera.
Lo que hay en ella sólo algo merece,
y eso es tuyo, y contigo permanece.

II

En mí ves la estación en que colgar
se ven sólo unas hojas amarillas
de las ramas —que el frío hace temblar—
do cantaron gentiles avecillas.

En mí ves el ocaso que convierte
el día, al degradar, en noche oscura,
cual otro Yo distinto de la muerte
que envuelve toda cosa en la negrura.

En mí ves el ardor de un fuego tal,
cual vio la juventud que ya es ceniza;
como el lecho de muerte sobre el cual

quien prestárale vida ahora agoniza.
Bien lo ves, pues temiendo que me muera,
me vas amando ya de otra manera.

William Shakespeare

La novia abandonada

Todas las tardes llega la novia abandonada
a sentarse a la orilla del mar; y la mirada
fija en un punto como si no mirase nada;

mientras que el mar, al son de su eterna canción,
hincha y rompe las olas de peñón en peñón
como un niño que juega con globos de jabón.

Los ojos de la novia preguntan por la vela
que traerá al prometido... Y el llanto los consuela.
Y el alma sigue el rumbo de un pájaro que vuela.

No en vano son azules sus ojos; tal inspiran
dulces y perfumados ensueños. Cuando miran
los ojos negros hablan; los azules suspiran.

Los niños en la playa corren a su placer;
y la pálida novia se distrae con ver
un barco que anda como si fuese una mujer.

Sufre con el recuerdo de aquel lejano viaje
de su novio a las tierras del Sol, de donde el traje
de bodas vendrá un día; la espuma es el encaje.

Pero también ¡quién sabe! teme para su mal
que le arrojen las olas un anuncio fatal,
entre una misteriosa botella de cristal.

Y si una y otra tarde, y así uno y otro año,
sin que asome su indócil cabeza al desengaño…
¡Ay! Pero la esperanza concluye haciendo daño.

La esperanza es a modo de un torcedor interno;
y un Purgatorio eterno, peor que el mismo Infierno,
fuese la eterna burla para el dolor eterno.

Tal se enfermó la novia; y enferma no quería
abandonar su sueño. Y acaso hoy estaría,
si no se hubiese muerto, soñando todavía.
Cuando entró en la agonía mirando la lejana
plenitud de las olas, por entre una ventana,
murmuró únicamente: —Tal vez vendrá mañana.

Mientras que el mar, al son de su eterna canción,
reventaba las olas de peñón a peñón
como un niño que juega con globos de jabón…

José Santos Chocano

Zapatero de la cenicienta

Si bajo tu aspecto de oveja inocente,
no te adivinaron, Cenicienta mía,
la estrella que un día te cayó en la frente
desde tus dos ojos te denunciaría.

Esos ojos tuyos, de brillo angustiado,
borrachos de ensueño, locos de pasión,
son como dos chispas que se te han saltado
de la brasa roja de tu corazón...

¿Te acuerdas de cuando en tu casa
cocinar to hacían ¡Reina del fogón!?
Desde entonces tienes corazón de brasa,
cabellera de humo y ojos de carbón.

¿No oyes de las violas el arrullo blando...?
Es el baile regio... Tu Príncipe amigo,
aunque se fastidia, te sigue esperando:
pero es sólo en gracia de que estás conmigo.

Yo te detuviese, mas tu Hada Madrina
quiere que esta noche vayas a bailar;
te viste con blancas sedas de la China
y ciñe te frente con ramos de azahar.

¡Cómo! ¿Vas al baile con traje de bodas?
Cenicienta mía: ¿te piensas casar?

Todas mis fugaces ilusiones, todas,
siento que la tierra las arroja al mar...

Pues ya que no puedo besarte en la frente,
zapatero tuyo, me arrodillaré,
para así tomarte resignadamente
con un solo beso, medida del pie.

¿Sabes por qué intento, como fin de cuento
zapatero tuyo ser en mi canción?
¡Porque al elevarte con mi pensamiento
siento tu pie encima de mi corazón!

José Santos Chocano

Nocturno de la separación

Es la primera noche que estoy sin ti. En el lecho,
cobra aspecto mortuorio tu almohadón junto al mío...
Siéntome solo y triste... Parece que en el pecho
la frialdad me entrase de tu lugar vacío...

Como el foco a manera de un ojo penetrante
que por ti me interroga, chispeando está delante
del espejo, en él suele poner el temblor vago,
con que corre la sombra de una noche en un lago...

¿No serás tú que pasas? ¿No serás tú dormida,
que en espíritu vuelves a atravesar mi vida...?

El misterio me inquieta... Me obsesiona el reflejo
con que foco y espejo me evocan tu figura;
y, el foco apago, como si rompiese el espejo
o me hundiese en un lago de agua espesa y oscura...

Al descansar los ojos, se agudizan los oídos.
Percibo en la tiniebla los más leves ruidos;
lentos pasos que se hunden en la mullida alfombra,
sobre la que parece que se arrastra una sombra;
temblores de cristales en la ventana abierta;
crujido agrio en el techo; golpe quedo en la puerta...

Súbito en lo más hondo de la noche desierta,
el reloj de la torre da cuatro campanadas,
que en el alma me caen cual cuatro paletadas
de tierra sobre un íntimo ataúd en que encierro
mi vida para siempre... Grazna un búho...
[Aúlla un perro...

Ésta es la hora mágica en que yo suspendía
mi trabajo —¿recuerdas?— y te hallaba en mi lecho,
después de haberle dado forma a una poesía.
No he compuesto hoy ninguna. ¡Oh, amor! ¿Por qué no lo
[he hecho?

Enciendo el foco; y salto, desesperadamente
a trabajar...

Tú sabes que el laurel de mi frente
se deshojó a tus plantas, desde que tú conmigo
te fuiste por el mundo, de cara al porvenir,
a recorrer en sueños Catay, Zipango, Ofir...

Tú sabes cómo siento cuanto en verso to digo,
por más que sienta mucho que no acierte a decir...

Voy con ansia a mi mesa de trabajo. En mi asiento,
la frente apoyo sobre la mano... En tal momento,
reparo yo en un puño de rosas que me trajo
tu amor en este día, con el piadoso intento
de adornar, antes de irte, mi mesa de trabajo.

Y tu intento piadoso perfuma mi conciencia:
hace que huela a rosas la noche de tu ausencia...
Yo, que comprendo entonces tu caridad cristiana;
pongo con labio trémulo un beso en cada flor...

Mañana habrán las rosas perdido, al fin, su grana
y quedarán marchitas; pero también mañana
pensaré que te has ido como se va un olor...

Tranquilo hacia mi lecho retorno. Tú me has hecho
esta noche el poema, puesto que la mitad
en donde tú dormías, desierta está en mi lecho;
llévome yo tus flores... —que huelen a piedad—,
para que me acompañen, deshaciendo a mi lado
sus hojas sobre el lino de tu propio almohadón...
Tal cuando en la manana me despierte, apretado
tendré un puño de rosas contra mi corazón...

José Santos Chocano

Sólo quiero tu amor

Bastó tan sólo que te viera
por vez primera
para un cambio total de mi existencia;
bastó tan sólo tu presencia
para dejar de ser lo que antes era.

Bastó tan sólo contemplara
con tierna complacencia,
el conjunto gracioso de tu cara,
para que en un instance yo to amara.

Bastó, en fin, tu seráfica dulzura
a prender en mi pecho unos amores;
y hoy te digo,
sin cambios de postura,
que me basta, tan sólo, que me adores.

Francisco de los Santos Salinas

¿Por qué has llegado tarde?

¡Oh, tú que me subyugas! ¿Por qué has llegado tarde?
¿Por qué has venido ahora cuando el alma no arde?
¿Cuando rosas no tengo para hacerte con ellas
una alegre guirnalda salpicada de estrellas?

¡Oh, tú, de la palabra dulce como el murmullo
del agua de la fuente; dulce como el arrullo
de la torcaza; dulce como los besos dormidos
sobre dos manos pálidas protectoras de nidos!

¡Oh, tú, que con tus manos puedes tomar mi cesta
y hacerle brotar flores como un árbol en fiesta
y hacer que entre mis labios se arquee la sonrisa
como un cielo nublado que de pronto se irisa!

¿Por qué has llegado tarde? ¿Por qué has venido
[ahora?
cuando he sido secada con luces de la aurora,
cuando he sido quemada por el fuego divino
y voy, blando cadáver, sobre negro camino?

Ya quiero, Dios de dioses, que me hagan nueva toda,
que me tejan con lirios; me sometan a poda

las manos del Misterio; que me resten maleza.
Tus labios no se hicieron para curar tristeza.

Para tus labios, agua de una pureza suma,
para tus labios, copas de cristal y la espuma
blanquísima de un alma que no sepa de abejas,
ni de mieles, ni sepa de las flores bermejas.

Para tus manos, ésas, que nunca amortajaron;
para tus ojos, ésos, los que nunca lloraron;
para tus sueños, sueños como cisnes de oro;
para que lo destruyas, el más alto tesoro.

¡Oh, si luego mis pétalos que estrujan tus manos
adquirieran por magia poderes sobrehumanos
y hechos luz se aferraran a la luz de los astros
para que tus pupilas persiguieran mis rastros!

Bienvenida la muerte que al sorberme me dieras;
bienvenido tu fuego que agosta primaveras;
bienvenido tu fuego que mata los rosales:
que todas las corolas se acerquen a tus males.

¡Oh, tú, a quien idolatro por sobre la existencia!
!Oh, tú, por quien deseo renovada mi esencia!
¿Por qué llegas ahora cuando no he de lograr
el divino suplicio de verme deshojar...?

Alfonsina Storni

El clamor

Alguna vez andando por la vida,
por piedad, por amor,
como se da una fuente, sin reservas,
yo di mi corazón.

Y dije al que pasaba, sin malicia,
y quizá con fervor:
Obedezco a la ley que nos gobierna:
he dado el corazón.

Y se corrió la voz:
—Ved la mala mujer, ésa que pasa;
ha dado el corazón.
De boca en boca, sobre los tejados,
rodaba este clamor:

—¡Echadle piedras, eh, sobre la cara;
ha dado el corazón!
Ya está sangrando, así, la cara mía,
pero no de rubor;
que me vuelvo a los hombres y repito:
¡He dado el corazón!

Alfonsina Storni

La hija del molinero

Son tan grandes sus hechizos,
es un prodigio tan bello,
que envidio a las arracadas
que tiemblan ruborizadas
y se esconden en sus rizos
porque han besado su cuello.

De su talle primoroso
quisiera ser cinturón,
y sentir contra mi pecho,
bien estrecho, bien estrecho,
ya agitado, ya en reposo
su adorable corazón.

Y de su seno hechicero
ser el collar deseara,
y por suspiros mecido,
reposar adormecido,
tan en calma, tan ligero,
que al dormir... me conservara.

Alfred Tennyson

Vespertina

Más, apóyate más, que sienta el peso
de tu brazo en el mío; estás cansada,
y se durmió en tu boca el postrer beso
y en tus pupilas la última mirada.

¡Qué fatiga tan dulce, la fatiga
que precede a los éxtasis; pereza
del cuerpo y del espíritu, que obliga
a mezclar el amor con la tristeza!

Se ve la luz. Y la Naturaleza
parece que nos dice: Soy amiga
de todos los que se aman; soy amparo.
Ya os di alcobas de flores, ya os di asilos
misteriosos, descansad tranquilos
en la estrellada sombra que os preparo.

¡Oh, buena amiga! —el alma de las cosas
sigue de nuestro espíritu las huellas—:
primero para amar nos diste rosas;
después, para soñar, nos das estrellas.

La luz se duerme en el zafir, lo mismo
que en los profundos ojos de mi amada;
pero queda un fulgor en el abismo
y un toque de pasión en la mirada.
¡Sutil y misterioso panteísmo!
...Más, apóyate más; vienes cansada...

Luis G. Urbina

Desolación

—Ha muerto ya la pasión loca
después de una larga agonía—.
No busques besos en mi boca.
Se quedó la jaula vacía.

—Barrí los últimos despojos
de ilusiones y de ternuras—.
No busques brillo en mis ojos.
¿No ves que la casa está a oscuras?

Es inútil que tiendas la mano.
—Ni una flor en el parque en ruina—.
No tiendas la mano. Es en vano,
te pudieras clavar una espina.

En un camposanto penetras.
Sólo musgo en las lápidas nace.
R.I.P. —Las fatidicas letras—.
Requiescat in pace.

Ya lo ves: camposanto de olvido.
Cruces. —Cruces cual brazos abiertos—.
¡Vete! Y cierra el portón podrido.
Déjame a solas con mis muertos.

Luis G. Urbina

Así fue

Lo sentí, no fue una
separación, sino un desgarramiento;
quedó atónita el alma, y sin ninguna
luz, se durmió en la sombra el pensamiento.

Así fue; como un gran golpe de viento
en la serenidad del aire. Ufano,
en la noche tremenda,
llevaba yo en la mano
una antorcha con qué alumbrar la senda,
y que de pronto se apagó; la oscura
asechanza del mal y del destino
extinguió así la llama y mi locura.

Vi un árbol a la orilla del camino
y me senté a llorar mi desventura.

Así fue, caminante
que me contemplas con mirada absorta
y curioso semblante.

Yo estoy cansado, sigue tú adelante;
mi pena es muy vulgar y no te importa.

Amé, sufrí, gocé, sentí el divino
soplo de la ilusión y la locura;
tuve una antorcha, la apagó el destino,
y me senté a llorar mi desventura
a la sombra de un árbol del camino.

Luis G. Urbina

Encubridora

Un fakir del Oriente, alto y escueto,
me ha revelado, amada, este secreto:

En una de las salas espaciosas,
de Dios en el alcázar, bulliciosas,
jugaban una noche dos estrellas
como tú, esplendorosas, como tú, luminosas,
y como tú, mi bien, blancas y bellas.

Había en aquella estancia soberana,
un soberbio jarrón de porcelana,
milagro de trabajos y desvelos
de algún celeste orfebre, y contenía
orgullo y luz, perfume y ambrosía,
en una celeste policromía,
rosas que Dios cortaba cada día
del jardín misterioso de los cielos.

Estimaba el Señor de los señores
más que todas las flores
de sus bellos jardines siderales
a aquel jarrón de porcelana, al grado
que a todo el mundo le tenía vedado
el cruzar de la sala los umbrales,
pero dejóla abierta… por descuido
y como lo prohibido
causa apetito, aquellas

dos traviesas estrellas,
como tú, candorosas,
como tú, bulliciosas
como tú, mi bien, rubias y bellas,
a jugar se pusieron y en su vuelo
rápido y prodigioso,
dieron contra el jarrón maravilloso
y el pobre se hizo añicos en el suelo.

Tras de percance tal, las desdiehadas
estrellas se miraron asombradas,
y de Jehová temiendo los enojos
y el seguro castigo, en busca de un abrigo
vinieron a escondérsete... en los ojos.

Ya ves que sé el secreto. Y enterado
del percance, Jehová, muy enojado
busca por dondequiera las estrellas
que el jarrón portentoso le quebraron,
y del cielo escaparon,
¡mas las esconden tus pupilas bellas!

Y ya que crimen tal has encubierto,
¡no digas que no es cierto!
que al ver tus ojos lo comprendo ahora,
de él me aprovecho, y en amante exceso...
si no me das un beso,
te acuso ante Jehová de encubridora...

Ramón López Velarde

Celos

Al saber la verdad de tu perjurio,
loco de celos, penetré en to cuarto.
Dormías inocente como un ángel,
con los rubios cabellos destrenzados,
enlazadas las manos sobre el pecho
y entreabiertos los labios...

Me aproximé a tu lecho, y de repente
oprimí tu garganta entre mis manos...
Despertaste... Miráronme tus ojos...
¡Y quedé deslumbrado,
igual que un ciego que de pronto viese
brillar del sol los luminosos rayos!

¡Y en vez de estrangularte, con mis besos
volví a cerrar el oro de tus párpados!

Francisco Villaespesa

Ofelia

Turbia de sombra, el agua del remanso
reflejó nuestras trémulas imágenes,
extáticas de amor, bajo el crepúsculo,
en la enferma esmeralda del paisaje...

Era el frágil olvido de las flores
en el azul silencio de la tarde,
un desfile de inquietas golondrinas
sobre pálidos cielos otoñales...

En un beso muy largo y muy profundo
nos bebimos las lágrimas del aire,
y fueron nuestras vidas como un sueño
y los minutos como eternidades...

Al despertar del éxtasis, había
una paz funeraria en el paisaje,
estertores de fiebre en nuestras manos
y en nuestras bocas un sabor de sangre...

Y en el remanso turbio de tristeza
flotaba la dulzura de la tarde,
enredada y sangrante entre los juncos,
con la inconsciencia inmóvil de un cadáver.

Francisco Villaespesa

Nocturno

Una noche,
una noche toda llena de murmullos,
de perfumes y de músicas de alas;
una noche
en que ardían en la sombra nupcial y húmeda
las luciérnagas fantásticas;
a mi lado, lentamente, contra mí ceñida toda,
muda y pálida,
como si un presentimiento de amarguras infinitas
hasta el más secreto fondo de las fibras te agitara,
por la senda florecida que atraviesa la llanura,
caminabas;
y la luna llena
por los cielos azulosos, infinitos y profundos
esparcía su luz blanca,
y tu sombra,
esbelta y ágil,
fina y lánguida,
y mi sombra
por los rayos de la luna proyectadas,
sobre las arenas tristes
de la senda se juntaban
y eran una,
y eran una,
y eran una sola sombra larga,
y eran una sola sombra larga.

Esta noche
solo; el alma
llena de las infinitas amarguras
y agonías de tu muerte,
separado dc ti misma por el tiempo,
por la tumba y la distancia,
por el infinito negro
donde nuestra voz no alcanza,
mudo y solo,
por la senda caminaba...
Y se oían los ladridos de los perros a la luna,
a la luna pálida,
y el chillido
de las ranas...

Sentí frío: era el frío que tenían en tu alcoba
tus mejillas y tus sienes y tus manos adoradas,
entre las blancuras níveas
de las mortuorias sábanas;
era el frío del sepulcro, era el hielo de la muerte,
era el frío de la nada.

Y mi sombra
por los rayos de la luna proyectada,
iba sola,
iba sola,
iba sola por la estepa solitaria;
y tu sombra esbelta y ágil,
fina y lánguida,
como en esa noche tibia de la muerta primavera,
como en esa noche llena de murmullos, de perfumes
y de músicas de alas,
se acercó y marchó con ella,
se acercó y marchó con ella,

se acercó y marchó con ella... ¡Oh, las sombras enlazadas!
¡Oh, las sombras de los cuerpos que se juntan
con las sombras de las almas!
¡Oh, las sombras que se buscan en las noches
de tristezas y de lágrimas...!

José Asunción Silva

Índice

I II III IV V VI VII VIII IX X XI XII 96 97 98 99 2005
La impresión de la obra se realizó en los talleres de: Servicios Litográficos Ultrasol, S.A. de C.V. Fiscales 43 Col. Sifón C.P. 09400 México, D.F. 633-5653
1 1.5 2 3 4 5 6 7 8 9 10 11 12 15 20 25 30 50